JN024629

白央篤司

台所をひらく

料理の「こうあるべき」から
自分をほどくヒント集

大和書房

はじめに　調子のいい日もそうじゃない日も

私は基本的に料理が好きで、仕事にまでしている人間だけれども、時折たまらなく家の料理がつらくなる。パートナーとうまくいってないとか、家事が面倒で仕事にだけ集中したいなどの理由ではないのだ。いや、そもそも理由はない。

「家事としての毎日の料理」って難なく出来る日もあれば、特に理由はないのにつらくてたまらない日もある――ということを、つれあいと暮らして炊事担当になってから私は知った。

「毎日作るの、別に苦じゃない」という人もいるだろう。けれど私はそうはなれない。心が前向きで、旬の食材をふんだんに取り入れたくなる日もあれば、どうにも億劫きわまりなく、つれあいが急に「今夜はカップラーメンが食べたい！」と言い出さないかなと願ってしまう日もある。「料理好きなの、嫌いなの、どっち？」なんて思われるかもだが、割り切れないのが人間というものじゃないだろうか。

好きだからって、毎日出来るわけじゃない。

料理業界の人間でも同じ考えの人は少なくない。仕事ではなく「共同生活の任務の一部」になると、自分や自分のキャリアのためにする料理のようなわけにはいかないから、当然ではないだろうか。

これは、なかなか声にしづらい思いだ。でもだからこそ、「私だって家の料理はつらいこともある、よくある！」とレシピを書くような立場の人間から発したい。料理する面白さや、料理への愛をつづった本は世の中にごまんとある。そして近年は、日々の家庭料理の大変さやつらさをテーマにした本も増えてきた。私は、その中間ぐらいの本が必要だとずっと思っていた。「家事としての料理って楽しい日もあるけど、しんどい日もある」という、〝波〟のある人が「私だけじゃないんだ」と感じられる本を作りたいと。

気分の波にうまいこと身をゆだね、荒波に逆らわず、食事作りを穏便にやり過ごすための自分なりの工夫、気持ちのととのえ方を、そして私なりの料理愛を正直につづったのが、本書である。罪悪感をおぼえたときもあったけれど、なんとか開き直って、日々波立つ気持ちに身を任せ、生活している。

「無理せず、なるたけラクに、そこそこおいしく」が私のモットーだ。「こんなことでもいいのか」「割り切ってOKなんだ」なんて思ってもらえたらうれしい。

あなたの気持ちと台所がよりひらかれたものになりますように。

台所をひらく　料理の「こうあるべき」から自分をほどくヒント集

はじめに …… 2

Chapter 1

日々の炊事は　凪の日あり　波の日あり

Tips ／ Tricks

10 …… 日常生活は「ウマの合う料理」だけでいこう
01 料理に遊ぶウィークエンド …… 12

14 …… 料理も「断捨離」が必要なんじゃないだろうか
02 ひと品完結ごはんの偉大さ …… 16

18 …… 何はなくともごはんを炊こう
03 鍋炊きを試してみませんか …… 20

22 …… 味噌汁よ自由であれ
04 私の味噌汁自由帳 …… 24

26 …… 笑っちゃうぐらい献立が浮かばないときは
05 余っている調味料からヒントを …… 28

30 …… 鍋にはかなりの借りがある
06 季節を問わず頼り続ける …… 32

34 …… またまた笑っちゃうくらい献立が浮かばないときは
07 頼もしいぞ、卵は！ …… 36

38 …… 「同じものでええやんか」
08 お弁当はマンネリ上等である …… 40

42 …… 思い込みで勝手に疲れないように
09 リクエストから道の開けることもある …… 44

46 …… 出汁に〝手抜き〟も〝本当〟もありません
10 出汁は気分で使い分ける …… 48

50 …… フジエさんの口ぐせ
11 料理ルッキズムもほどほどに …… 52

54 …… 荒波の日は海に出ない
12 荒波の日の私の救命具 …… 56

Chapter 2 小さなこと　季節のことから拾う　料理の種

Tips ／ Tricks

62 …… ある日突然に「見分け」のつくこともある
13 じっくり焼いて塩ぱらりでいい …… 64

66 …… 新しいことをしてみたい日には
14 はじめての食材にトライしてみよう …… 68

70……春がチャレンジ精神を連れてくる
15
父の山菜の天ぷらとちらし寿司……72

74……食欲減退の夏こそ欠食しない
16
喉をさらりと通る冷や汁、なすそうめん……76

78……食欲の秋、私の場合
17
炊き込みごはんは余り食材の消費にも◎……80

82……冬は湯気に心和む
18
私の好きな牡蠣のおつまみ……84

86……舌になじんだ味と冒険と
19
味噌の活用法……88

90……人と暮らして広がった味
20
粕汁はなかなかに自由だ……92

94……脇役を主役に　私のサラダ
21
香りの強いもの同士は意外に仲良し……96

Chapter
3
台所仕事は　作って食べて　だけじゃない

Tips　Tricks

102……「家庭生活を形成するための条件」に優劣はない
22
「大したことない」ように見える
小さなことが暮らしを支えている……108

110 ……「○○さえあれば」の共通認識《コンセンサス》が安心感に 23 我が家の場合は、このキムチ！ …… 112
114 ……「食べる人」は何を考えて、どう動く？ 24「してもらう」側のあなたへ …… 116
120 …… 効率だけ考えられたらラクだけど 人間生活そうもいかない 25 私のよくやる梅干し利用法 …… 124
126 …… ひとり抱えがちなフードロスの罪悪感は 26 私なりの冷蔵庫の使い方 …… 128
130 ……「安心のたね」の冷凍術 27 たどり着いた私の定番冷凍ストック …… 132
134 …… 〝ずっとおんなじ〟の価値 28 味を継ぐということ …… 136
138 …… お習字の練習のように 人のレシピをなぞるときもある 29 読んで感じる料理の楽しみ …… 140
142 …… 家庭料理って、つまり何なのでしょうね 30 そしてまた一日がはじまる …… 152

おわりに …… 154

料理さくいん …… 158

・計量について　小さじ1杯＝5㎖、大さじ1杯＝15㎖、カップ1杯＝200㎖です。
・電子レンジは500Wのものを使用しています。

この本で紹介するレシピに
「ある日の材料」と記しているのは、
お好みで野菜や肉、魚などの
主な材料の種類を代えていただいたり、
分量を加減していただいても、
おいしく出来あがる料理です。
足りない材料があっても、
余っていた材料を加えてみても、大丈夫。
それなりにおいしく出来あがりますから、
安心しておおらかな気持ちで、
その日の気分を大切に作ってみてください。

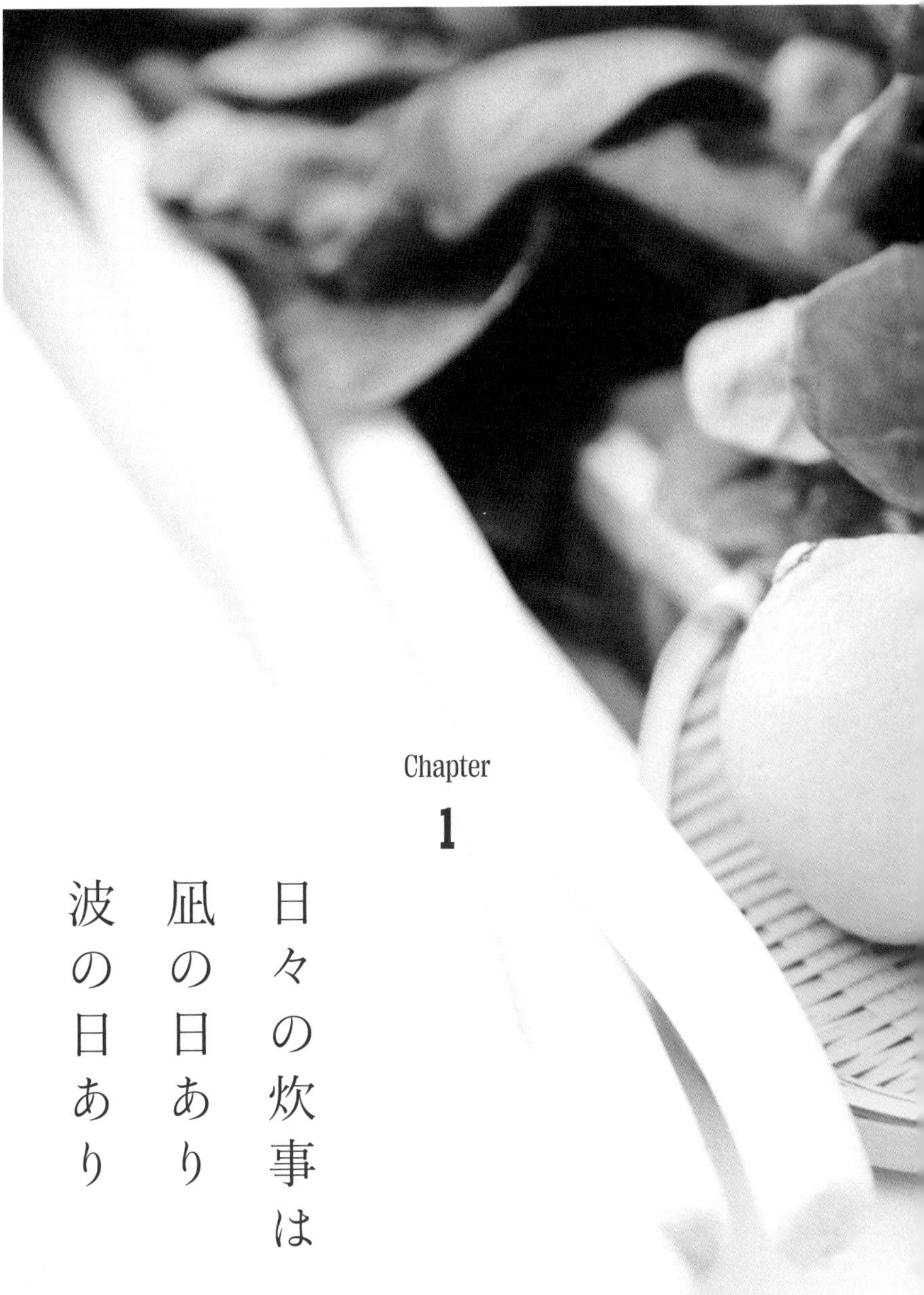

Chapter

1

日々の炊事は 凪の日あり 波の日あり

01 Tips

日常生活は「ウマの合う料理」だけでいこう

ここ2年間ほど、農家さんを訪ねて取材する仕事をしていた。年間に数十品目を生産する個人農家さんと話をしていて、印象的だったことがある。たくさんある野菜の中から、育てるものはどうやって決められるのですかと、私は尋ねた。ここの土や気候と相性のいいものを選ぶのですか、とも。

「それが基本にはあるんですけど、やっぱり自分で育ててみたいもの、育てて楽しいものを作りたいんですよね。面倒だけどやりがいを感じられるものもあれば、ラクだけど育てていてつまらないものもある」

なるほど、料理と似ているなと思いながら聞いていた。作りやすいから作るものもあれば、手間はかかれど作るのが好きな料理もある。

そう、ちょっと面倒でもどうにも作りたくなる料理もあれば、作っていてあまり面白く感じられない料理もある。そのへんは、相性なのである。

日々料理をする人というのは、そういう相性のジャッジを無意識のうちにして、自分のレパートリーを作ってきたのだ。相性は誰にでもあること。直すとか、克服するという問題でもない。合わない人となんとか仲良くなろうと努力してもより厄介なことになるだけ、なるたけ顔を合わせないが吉……なんて言ったら怒られるだろうか。いや、料理の話。

世間でごくポピュラーな料理と相性が悪い場合、自分をネガティブに考えてしまうこともある。たとえば唐揚げや、餃子。作るのが苦手、面倒、億劫に感じてしまう人は少なくないと思っているが（私もわりとそう）、自分は料理がヘタなのだ、不器用なのだ……と悪いほうに考えてしまう人もいる。

いやいや、それは相性の問題なんである。作っていてもなんか楽しくない、覚えようと前向きになれない、私がやる必要あるんだろうかなんて思ってしまうのすべて、相性が悪いから。しょうがないことなんである。

日々の料理は「自分とウマの合う料理」だけでいこう。「作るのが楽しい」までいかなくとも、「作るのがしんどくない」料理だけを扱っていかないと、続かない。続けていけない。「やりたくないことは、やらない」は人生において時にダメなこともあるけれど、家事としての料理においては全然アリだと、私なんぞは思う。

自分の生活をラクで身軽なものにするためには、時にジャッジが必要だ。ジャッジするのはちょっとした心の手間だが、しょうがない。

Tricks **01**

料理に遊ぶウィークエンド

　週末の午後は明るいうちからあれこれ手作りして、つれあいや友人と飲む。私にとって一番楽しい料理の時間である。何を作るかは買い出しまで決めない。スーパーに行って、旬の野菜や果物、その日手頃でモノのよい食材を探すうち「はっさくがおいしそうだな。鯛を合わせて、香りの強い野菜を加えてみようか」だの「おー、たこが手頃でうれしい。和えものもいいけど、粗く刻んで今回は煮込みにしようか」だの考えるのが、たまらない。

　最近は定番サラダ（97頁）ともうひと品ぐらいを作っておいて、みんなが来てから飲みつつ、会話を楽しみつつ、料理するようにもなった。最初に「全部用意しておかないと！」と考えると大変だしね。チーズとクラッカーでも用意しておけばじゅうぶん〝つなぎ〟になる。野菜をただじっくり焼くだけみたいな料理（64頁）が多いから、さほどの手間でもない。週末に趣味の料理を楽しみつつ、普段は家料理を任務としてやっている。

02 Tips

料理も「断捨離」が必要なんじゃないだろうか

実家にオーブンレンジがやって来た日のことをよく覚えている。私は9歳、小学3年生だった。母は「これでうちでもパンが焼ける」とうれしそうだった。何度か焼き立てを食べた記憶はあるものの、いつしかパンは焼かれなくなっていった。数年経って「そういやお母さん、パンって全然作らなくなったね」と言えば、「私には向かない。買ったほうがおいしくて、安い」とひと言。当時の母も「パン作りと自分は相性がよくない。だから作らない」とジャッジしたのだろう。スイーツ類も母は「私が作るより、買ったほうが安くて断然おいしい」と言って、ほぼ作らなかった。「ウマが合わない料理はしない」という姿勢を見せてくれたことは、今、とても参考になっている。私が「進んで作ろうと思えないものは無理してまでやらない」と自然に思えるのは母・フジエさんのおかげだ。

「相性のよくない料理は作らない」という線引きをしっかりとできるって、やっぱり大事なことだと思う。「断捨離」なんてことが言われて久しいが、メニューも折々で「断捨離」が必要じゃないだろうか。自分に向かない、作りたくない料理からはさっさと離れる。作りにくいものにこだわるより、自分が作りやすい料理を探して、増やしていくほうがいい。

そんなことを考えつつ、晩ごはんを作る。私は料理が好きだけれど、日常のごはんで副菜をあれこれ作るのはちょっとしんどい。よしながふみさんの漫画『きのう何食べた？』のシロさんは必ず副菜を添えるからすごいよね……。まあ、自分は自分だ。きょうはひと品完結ごはんを作ろう。

まず冷蔵庫と相談、鶏ひき肉があるか。煮るといい出汁になるんだよな。にらともやしを使い切りたい。よし、久しぶりに汁ビーフンにしよう。ということで乾物ストックからきくらげとビーフンを出して一緒にもどし、水気を切っておく。野菜はマッシュルームとパプリカも入れてしまえ。さつま揚げも冷凍庫から取り出して刻む（サッとぬらして、しばしおくと切りやすい）。鶏ひき肉、もやし、きのこ、さつま揚げと、いい出汁の素になるメンバーである。

材料全部と水を鍋に入れて煮て、うま味が足りなければ鶏がらスープの素で補い、酒と塩と少々の醤油で調味。仕上げに香りづけ、ごま油ちょいで完成だ。

あるものを刻んでどんどん加え、ざっと煮て味をととのえれば完成するような、ざっくりとした料理が私とウマの合う料理である。

さて、いただきましょうか。

Tricks 02

ひと品完結ごはんの偉大さ

食事でおかずひと品だけ、あるいは料理ひと品だけだと「ちょっと申し訳ない」「恥ずかしい」なんて考えてしまう方も、世の中にはいる。いろんな考え方の人がいて当然なのだけれど、うーん……どうだろう。副菜がいろいろのごはんもそりゃ素敵でわくわくするけれど、毎日そんなことをやるのは「無理！」と早々に私はセルフジャッジしてしまった。

というと「ずぼらなんですね」「料理は手抜き派？」なんて言われるのかもしれないけど、手軽に済ます日もあれば、こまめにやろうかなと思える日がランダムにあって「人間」というものじゃないだろうか。一定にできる人などいない。心の波に従って料理するのが無理なく、続けていくコツだ。

というわけで本日も私はひと品完結ごはんに頼る。野菜とタンパク質（肉、魚、大豆製品など）、そして炭水化物が基本の構成だ。汁ビーフンや五目うどん、焼きそば、ショートパスタ入り各種スープ、雑炊やクッパ、そしてカレーに代表されるシチューかけ、汁かけごはんなどがいつも私を助けてくれている。

ある日の材料（2〜3人分）

鶏ひき肉 … 100g
ビーフン … 80g程度
きくらげ（乾燥）… 3g
マッシュルーム … 6個
もやし … ひとつかみ
パプリカ … 1個
にら … ⅓束
水 … 800mℓ
日本酒 … 大さじ2杯
ナンプラー（なければ醤油）
… 大さじ1杯
鶏がらスープの素 … 大さじ1杯
塩、こしょう … 適量

作り方

1 ビーフンを表示のとおりもどしてざるに上げておく。きくらげは水に浸けておく。

2 マッシュルームは4等分に切り、パプリカは薄切り、にらは3cm幅に切る。

3 鍋に水を入れて中火にかけ、鶏ひき肉を菜箸などでざっくり小分けにしながら加える。沸いてきたらアクを取り、**1**、**2**ともやし、酒を加える。

4 鶏がらスープの素、ナンプラーを加えてひと煮立ちさせ、味見して塩、こしょうで調味する。

汁ビーフン

03 Tips

何はなくともごはんを炊こう

朝起きて頭がまだぼんやりしていても、とりあえず米を出して炊きはじめる。私の一日のはじまりである。自分の中に「米さえ炊いておけばなんとかなる」という思いがしかとあるのだ。

特にこだわっているわけでもないけれど、もう17年ぐらいずっと鍋でごはんを炊いている。炊飯器はセットしてスイッチを入れたら放っておけるし、炊いた後に保温もしてくれる。鍋炊きは火力を自分で調節して、時間が来たら火を止めて……と手間もかかるし、炊けたらどんどん冷めてもいく。私もずっと炊飯器を使っていた。

30歳ぐらいのとき、周囲の友人たちに鍋炊き派が増え、みな口々に「おいしいよ」「試してみたらそんなに手間じゃない」というのでやってみたら、これがおいしい。使ったのは量販店で買ったごくフツーの土鍋だったけれど、米がいきいきとおいしさに燃えているように感じた。粒立ちもよく思え、なんだかちょっと料理上手になれたような気がして、うれしかった。

その気持ちのまま、気づいたら長いこと鍋炊きライフを続けている。炊飯器を置かずにすむ分、キッチンがちょっと広くなったこともメリットだった。

私の炊き方は、まずボウルとざるをセットにして米を入れ、たっぷりかぶるぐらいの水を入れて2～3回手でかき回し、ざるを上げて水を捨てる。輸送時などに米がこすれ合って生じた細かい米粉を取り除く、という意味がある。おいしく炊くうえでこれ、かなり重要。2回ほど同じことを繰り返して、夏場は30分、冬場は1時間ほど浸水させる（浸水させた米は、ざるに上げて水気を切り、容器に入れて冷蔵庫保存も可能。こうしておくと炊きたいとき、すぐに炊ける。冷蔵庫に入れたら2～3日内で使おう）。

さあ炊飯だ。鍋に米と水を入れて（1合に対して200㎖の水）フタをし、最初は強火にかける。沸騰したら一番弱い火にして9分、火を止めて11分ほど蒸らして、おしまい。蒸らし終わったら、しゃもじですぐに全体を3～4回ほど返す。こうすると、ふっくらおいしいごはんになる。

炊いている間に味噌汁を作って、おかずは納豆や海苔、キムチなどに頼るのが我が家の朝ごはん。パンも好きなのだけれど、つれあい共々だんだんとごはん党になってきた。「ごはんさえ炊いておけば」なんとなく、安心。

一日がはじまる。

Tricks 03

鍋炊きを試してみませんか

鍋炊きは一度でもいいので経験しておいてほしい。というのも、災害時などで電気が止まった場合、カセットコンロとガスボンベがあればお米は炊けるから。一度でもやったことがあると心理的ハードルはかなり違うもの。また、温かいものが非常時にあると心の支えにもなる。鍋炊きに慣れておくことは、非常時の対応力を上げることにもなりますよ。家族のある方はみんなで一緒に試してみるのもおすすめ。イベント的に家族全員で炊いてみませんか。

鍋で炊くごはん

材料（2人分）

米 … 1合
水 … 200㎖
（水加減が不安なら、炊飯器の釜に米を入れ、水を目盛りまで加えてから鍋に移すとよい）

作り方

1 ボウルにざるを重ね、米を入れて洗う。夏は30分、冬は1時間ほど浸水させる。

2 鍋にざるで水気を切った米と計量した水を入れてフタをし、強火にかける。沸騰したら一番弱い火にして9分加熱し、火を止めて11分ほどフタをしたまま蒸らす。蒸らし終わったら、しゃもじですぐに全体を3～4回ほど返す。

04 Tips

味噌汁よ自由であれ

なんでもそうかもしれないけれど、慣れないうちというのは不自由なものだ。かたくな、と言うべきか。というのも味噌汁のこと。料理をはじめた頃、私は味噌汁に対してまったくもって自由じゃなかった。味噌汁というものに決まりきったイメージを持ち、意味なく自分を縛って不自由になっていた。

味噌汁といえばわかめと豆腐、わかめとねぎ、大根の細切りと油揚げの3パターンぐらいしか作っていなかった。そういうものだと思っていたのである（あさりやしじみの味噌汁も食べたことはあったけど、面倒であまりやらなかった）。

料理の得意な人から「別に何を入れたっていいんだよ」と言われても、イメージが決まりすぎていて、ほかのものを入れようという気が起こらない。私なんかが変にあれこれ入れたら、まずいものが出来そうで怖いという気持ちもあった。「人間、食べてきたものしか作れない」なんていう人もいるが、私と味噌汁に関しては当たっている。実家で食べてきたものをそのままコピーしていた。

転機をくれたのはアルバイト先。私が経験してきたバイトはほぼ飲食店で、まかないの味噌汁に固定観念をくずしてもらえたんである。向こうからしたら余りものをとにかく味噌汁で消費しているだけなんだが、それがとても自由で、新鮮で。

ブロッコリーやズッキーニ、トマトが難なく味噌汁に合ってしまう驚き。もやし、エリンギ、きくらげ、ししとう、さつまいも、スナップえんどうも違和感がない。ああ、こういうおいしさもあるんだと面白く感じられて、世界が広がって。味噌汁に対してどんどん自由になれていった。

私の脳内における味噌汁自由化によって「余りものの消費が簡単になる」「野菜をたっぷり摂る」というふたつの利点が得られた。たまの外食で味噌汁をいただくと、「せっかくの一汁でこれだけしか野菜や海藻を入れないなんて、もったいないな」とも思ってしまう。私は1食で副菜をあれこれ作るのが億劫なので、「おかずは基本ひと品、具だくさん味噌汁、ごはん」という構成が気分的にラクで、栄養的にもととのえやすいのだ。

「味噌汁の具材は2種ぐらいにしてすっきりと。出汁や味噌の香りを楽しみたい」という人もいるだろう。もちろん、そういう楽しみ方も素敵なことだ。きっと人それぞれに「味噌汁ってこういうもの」というイメージがあるはず。でも敢えて言いたい。たまにはちょっと、味噌汁に遊んでみませんか。

Tricks 04

私の味噌汁自由帳

具だくさんの汁は「作るの大変そう」と思われがちだが、日々料理していると半端に余る食材がどうしても出てくる。それらの使い切り法のひとつが私の場合は味噌汁なのだ。いろんな具材からうま味も出て実においしい。このおいしさは毎日料理すればこそのごほうびだ。あれもこれも入れてるうち、「この組み合わせいいな」と定番化するものも。仕上げに豆乳を加えたり、あるいは味噌を入れず醤油と酒で仕上げたりして変化をつけることもある。

フノリと油揚げと長ねぎ

なすとトマトとおくらとみょうが

桜えびと春キャベツ

クレソンとみょうがの冷製

冬

甘えびの頭とねぎ

ちぢみほうれん草と油揚げ

白菜とさばの水煮缶

秋

秋鮭とキャベツ

菊と小松菜と厚揚げ

えのきと白菜とねぎとすりごま

05 Tips

笑っちゃうぐらい献立が浮かばないときは

取っ掛かりがほしいなと思う。その日の献立を決める、取っ掛かりが。

恵方巻がこれだけ広まったのは「その日の献立を決めなくていいから」だ、なんていわれる。さもありなん、味噌汁を作れば1食がもう完成である。友人は「恵方巻の日は毎月あってもいい」とよく主張しており、そのたび「ホントだね」と笑い合う。

献立ってのは浮かばないときは笑っちゃうぐらい、浮かばない。これもよくいわれることだが、「服はいっぱいあるけれど、きょう着たい気分の服がない」というのに近いかもしれない。作れるレパートリーはそれなりにあっても、きょう食べたいもの、あるいは今の状態で作れるものが見いだせないのだ。

ある日もそんな煮詰まった気分で「さて今夜は何を作ろう……」と冷蔵庫を開けて考えていた。ふと、ドアの棚に目が留まる。ソースやケチャップなんかが並ぶところに、隣り合う柚子こしょうとバター。

「あ、このふたつを掛け合わせたら面白いかもしれない……」

小さなひらめき。

サーモンの切り身がたまたまあったので、バターで焼いて柚子こしょうを絡めてみたら、お……なかなかおいしいじゃないの。いろいろ試してみたところ、鱈やポークソテーの味つけにもよく、きのこと豚肉の炒めものにもよかった。ちょうど冬の鍋ものシーズンが終わりかけ、柚子こしょうの出番が減っていた頃だったので、使い切るのにもよかったんである。

そこから、献立に困ったときは「最近あまり使っていない調味料を主軸に考えてみる」というアプローチが生まれた。マヨネーズやケチャップ、豆板醤にナンプラー。あるいは買ってはみたものの、好みでなかったポン酢。使い切れていないジャムなども献立を考えるヒントになる。

自分で考えなくても、「〇〇　おかず」で検索すればレシピが出てくる時代だ。献立も決まり、冷蔵庫に長居しているものがちょっと減るという一石二鳥もうれしい。

特にナンプラーが使い切れず困る、という声をよく聞く。いろいろ使い道はあるのだけれど、レモン汁と一緒に鍋つゆのベースにするのが私のおすすめ。32頁に書いておきますね。また野菜炒めで醤油の代わりに使うとエスニックな炒めものになりますよ。

Tricks 05

余っている調味料からヒントを

我が家で余りがちな調味料といえばポン酢なのだけれど、肉野菜炒めを塩・こしょうで作って、仕上げにひとふりするとさっぱりとしたおいしい炒めものになる。あるいはオリーブ油と同量を混ぜてサラダ用のドレッシングにしても、なかなかおいしい。

そうそう、豚しゃぶ用のごまだれが使い切れないとき、私はよくふかしたじゃがいもとゆで玉子に加えて潰して、ポテサラにする。粒マスタード少々を加えて、ちぎったクレソンなんかを混ぜると洒落たひと皿になるんだな。

鮮やかな辛さが特徴の柚子こしょうだけれど、バターと一緒に加熱すると角が取れて味もちょっと穏やかになり、肉や魚の風味づけによく合う。キャベツや白菜、ブロッコリーのソテーに使ってもおいしく、付け合わせやおつまみにもおすすめ。

辛み×バターでいうと、コチュジャンや豆板醤とバターを合わせて炒めものに使うのもいい。バターのまろやかさが辛みのクッションとなると同時に、ミルキーなコクが加わって新たなおいしさも生まれる。

豚ロース肉ときのこの柚子こしょう炒め

材料（2人分）

豚ロース肉（厚切り）… 2枚
しめじ … 100g
柚子こしょう … 小さじ1と½杯
バター … 20g
酒 … 大さじ1杯
醤油 … 小さじ1杯
塩、こしょう … 適量

作り方

1 豚肉は包丁の背でよく全体を叩き、塩、こしょうをする。しめじは石突きを除いてほぐす。
2 フライパンにバター半量を入れて中火で熱し、豚肉を入れる。色が白くなってきたら返し、しめじ、酒、柚子こしょうを加え、フタをして1分加熱する。
3 肉を取り出し、熱さに気をつけつつひと口大に切る。フライパンに残りのバター、醤油を加えて肉を戻し、炒め和える。

06 Tips

鍋にはかなりの借りがある

「きょうは鍋にしよう」。

献立決めに迷ったとき、時間がないとき、食材が半端にあれこれあるとき、あるいは野菜を摂りたいときなど、鍋を取り出す人は多いんじゃないだろうか。ひとりでよし、大人数でよし。つまみにもなるし、麺やごはんも入れられる。ごく日常的な食材だけでも成立するし、ごちそうにもなる。鍋に向かってたまには「頼りになりますね」と褒めてやりたくなる。

ひと冬に何度鍋をするだろう。一般家庭における鍋料理の取材をここ1年ちょい続けているが、「週3回ぐらい」という答えが多い。豚の薄切り肉と白菜、ねぎ、豆腐などを具材にポン酢でいただく鍋、キムチ鍋の人気が特に高く、鶏の水炊きがそれに次ぐ印象。あとは、いろいろある鍋つゆの素をそのときの気分で選ぶ、という人が多かった。

寒い時期のスーパーには、鍋つゆの素がずらりと並ぶ。定番のものから、各地の鍋料理をベースにしたもの、そしてひねりにひねったものまで。「バターチキンカレー鍋の素」というのを見つけたときには、ひとりスーパーで唸った。目にした買いもの客の「あはは、何これ」「でも気になる、買ってみようか?」なんて会話が聞こえてくるような気がする。

私が小さい頃、鍋といえば「昆布出汁×ポン酢」ばかりで、土曜か日曜にやることが多かった。夕方になると母がまず鍋に水を張って、出汁昆布を入れる。その間に食材の用意。父は豆腐と牡蠣があれば機嫌がよかった。ほかには白菜となんらかのきのこ、よいものがあったときは鱈も入るのがお決まり。飽きもせず冬の間は毎週のように食べていたが、飽きるとか考えること自体がなかった。世間的にまだ鍋のバリエーションも少ない時代だったけれど、今あのまま実家で暮らしていても、きっと同じ鍋を食べているだろう。

父はいわゆる鍋奉行気質で、魚介の煮えどきは鍋を通じて父から教わった。ただ、牡蠣はずいぶんと小さくなるまで煮てしまう。汁に溶けた牡蠣のうま味を豆腐にたっぷり吸わせて食べるのが好きだったようで、当時の私には分からないおいしさだった。

具だくさんの寄せ鍋もいいものだが、具は2種だけ、3種だけと決めてやる鍋もいい。水菜や白菜など「鍋といえば」な野菜ではなく、ちょっと遊ぶのも面白い。エンダイブと豚しゃぶ肉だけでやるハリハリ鍋はなかなかのヒットだった。寒い間に、またやろう。

Tricks 06

季節を問わず頼り続ける

　ちょっと変わった鍋をご紹介しましょう。その名も、レモンナンプラー鍋。我が家では冬以外でもおなじみ、というか夏にもぴったりな鍋なのです。鶏肉と魚介の出汁にナンプラーでうま味と塩気を加えて、レモンの香りと酸味でさっぱりといただく。これがね、いいんだ。鶏はもも肉、魚介なら私がよく使うのは、つみれ。えび団子やいか団子、あるいはいわしのつみれでも。使いやすく、下ごしらえ不要なのが魅力。面倒でなければえびやあさり、魚の切り身などお好みのものを。味つけがナンプラーだけなので不安に思う方も多いのですが、余計なことをしないほうがこの鍋はおいしい。

　まあ一度、やってみてください。青菜はほうれん草やちんげん菜、小松菜など、そのとき手頃なものでいいですよ。豆苗もおすすめ。

ある日の材料（2人分）

鶏もも肉 … 200g程度
魚介のつみれ … 8個程度
好みの青菜 … 1束
レモン … 1個
ナンプラー … 大さじ2杯
水 … 800mℓ

作り方

1 鶏もも肉、青菜は食べやすい大きさに切る。レモンは飾り用に2枚、輪切りにする。
2 鍋に水、ナンプラー、残りのレモンをしぼり入れて中火にかけ、沸いたら鶏肉、つみれを加えて煮る。
3 肉に火が通ったら青菜を加え、レモンを飾る。

レモンナンプラー鍋

07 Tips

またまた笑っちゃうくらい献立が浮かばないときは

困ったときは卵である。

食材単独の部において、1食を成立させる力が最も強いのは卵だと思う。何しろ醤油と白飯があれば卵かけごはんとして成立する。ここに海苔をちぎったり、納豆を加えたりするだけで満足度はさらに上がる。うちのつれあいは納豆卵かけごはんが大好物なので、朝食など何度卵のありがたみを噛みしめたことか。

目玉焼き丼も「日常食界」の傑物だ。目玉焼きを作ってごはんにのせ、醤油をかけたらもうそれだけで成立する。私はふちをこんがりとさせたい派。醤油をかけるときよりも量を少なめにしてナンプラーをかけるのもいい（ナンプラーは塩気が強いので）。もっともこれはタイ米のほうが格段に合う。日本のご家庭でタイ米を炊く人はごく少ないだろうから余談として書いておくが、もしご興味あらば「熱々の炊きたてタイ米×ふちがカリカリ目玉焼き×ナンプラー」、ぜひともお試しください。最高ですから。

目玉焼きは塩こしょうしてパンにもいいし、スクランブルエッグは言わずもがな。どれも作りやすくてありがたい。

作家の井上荒野さんが「目玉焼きをのせればたいていのことはどうにかなる」という名言を残されている。単なるごはんが「丼」に変わるように、これだけじゃ1食にはさびしいかな、パッとしないかな、と思ってしまうものが目玉焼きによって「どうにかなる」「そこそこ映える、いっぱしになる」という意味に私はとらえている。

たしかに「パッとしないもの」を目玉焼きと組み合わせてオンザライスにすることにより、なかなかおいしそうになるケースは多々ある。半端に残った昨日の味噌炒め、きんぴら、塩もみした白菜におかかを絡めたの、ツナマヨやコーンマヨなんかの「そのとき冷蔵庫にある半端もの」を、目玉焼きと一緒にワンプレートにするのが私は妙に好きなのだ。食的秩序も統制もあったものではないが、目玉焼きのっけにしてちょっと醤油をたらし、それぞれちょい混ぜしつつ食べると妙なおいしさが生まれてくる。ああ、これが「どうにかなる」ということなのだな。

※井上荒野さんの「目玉焼きをのせればたいていのことはどうにかなる」は料理雑誌『オレンジページ』のウェブメディア「オレンジページｎｅｔ」の連載タイトル。読みやすく楽しいショートエッセイ集なので、ぜひ検索してみてください。

Tricks **07**

頼もしいぞ、卵は！

とりあえず卵は切らさない、という人も多いのではないだろうか。目玉焼きに炒り玉子、ゆで玉子に玉子焼き。卵があればすぐひと品になる。おかずがさびしいとき、弁当でもうひと品詰めたいとき、おつまみが切れたとき、卵に何度もお世話になってきた。夜中にビールなんか飲みつつ、目玉焼きを焼いて醤油、あるいはウスターソースをちょっとかけてつまみにするのは、なかなかいいものである。

カリカリ目玉焼きの作り方

1. フライパンに油を多めに（大さじ１ぐらい）ひいて強めの中火にかけ、卵を割り入れる。油はねに気をつけて！
2. ときどきフライパンをゆすりつつ、ふちが茶色くなるまで焼く。

カリカリ目玉焼きのっけ丼

目玉焼きと余ってるおかずを合わせる丼は小腹が空いたときの定番。お皿にのせるとあまりそそられない余りおかずも、丼にして目玉焼きと並べるとふしぎにそそられてくる。キムチを合わせるときは、ごま油で卵を焼くとおいしい。

08 Tips

「同じものでええやんか」

先日、久しぶりにつれあいの弁当を作った。

鮭の切り身をグリルで焼いて、その間に青ねぎ入りの玉子焼きも作る。春菊を買ってあったなと思い出し、お湯を沸かしておひたし作り。「おひたしは調味液にひたすから、おひたし」なんてとある料理人の方に言われたけれど、今朝は時間の余裕がない。ゆでてしぼって、濃縮めんつゆ少々をかけておしまい。いろいろあっていいのだ、私のうちのごはんだもの。冷凍してある焼売をひとつ取り出してチン、それぞれ冷まして詰めれば完成だ。以前は週5日も作っていたんだよなと、懐かしくもなる。

コロナ禍に入ってすぐつれあいは完全リモートワークになり、3年ほど続けていた弁当作りが急に終わった。月に数日は出社するが、外で食べることもあり、今では年に数回作るか作らないか。たまのことだから、少しは手間もかけてあげたいと思う。だが連日のときはもっとシンプルな構成で「自分が作り疲れないこと」を何よりも優先していた。

料理は小さい頃から興味があって、学生のうちは作ってみたいものをあれこれ試して。

ちょっと得意意識もあったんである。40歳になってはじめて人と暮らし、炊事当番に名乗りをあげた。「よかったら弁当も作ろうか」なんて大見栄切ったのがああ、間違いのもと。

3ヵ月でレパートリーがすっかり切れて、同じようなものばかり食卓に出してしまう自分がどうにも情けなくて。弁当もしかり。副菜はおひたし、ナムル、ごま和え、きんぴらの繰り返し。メインも似たり寄ったり。

うちの母親は続けて同じおかずを決して出さない人だった。なぜか私は「そうするもの」「私もそうしなくては」と強く思い込んでしまっていた。

メリハリのない食事がだんだんと申し訳なく思われてくる。つれあいは別に文句など言ってないというのに。

あるとき、夕飯に牛のすき煮を作った。すると「大好きやねん、すき煮。まだある？明日のお弁当に入れてほしい」とせがまれ、私は思わず「いいの？」と聞いてしまった。「何が」「だって同じおかずじゃ飽きるでしょう」ぽかんとされて、抱いていた懸念を話したら笑い出す。「なんやそれ、多めに作って明日のお弁当にするのなんて普通やん。うちの母なんて2〜3回平気で同じおかず出してきたよ」と。

ひとつ気持ちがラクになれたのは、このときだったな。

（注 お分かりでしょうが、つれあいは大阪人です）

Tricks 08

お弁当はマンネリ上等である

「玉子焼き+新規おかず+ごはん」という形がいつしか定番化。プラス、そのとき冷蔵庫にあるもので。この日はいつもの牛すき煮を朝に作り、厚切りれんこんのきんぴら、むかごごはん。ミニトマトと青ねぎで彩りに。

鮭の粕漬けはまとめて焼いて冷凍しておいたもの、焼売は冷凍食品、切干大根煮は買ってきたもの。万願寺唐辛子のおかか和え、青ねぎ入りの玉子焼きを作る。「朝作るのは2品まで」が私の弁当作りのセオリー。

たまにものすごく手をかけた弁当を作りたくもなる。絹さや、玉子焼き、しいたけ煮、酢れんこん、紅しょうがのちらし寿司に菜の花のおひたし、炒り鶏。「いつもこういうのにして」と言わないつれあいに感謝している。

「イシイ」の「チキンハンバーグ」には何度も助けられている。冷凍しておいて、おかずがないときにチン。ブロッコリーのおかずはチンして中華ドレッシングに絡めておいたもの。作ったのは玉子焼きだけ、それでもいいのだ。

09 Tips

思い込みで勝手に疲れないように

つれあいの弁当を作りはじめた頃の写真を見返すと、思わず「頑張ってるねえ……」と自分に言いたくなる。おかず5品ぐらい作ってる日もあれば、得意じゃない揚げものにトライしてる日もあり（つれあいが唐揚げ好き）。ははは、気合入ってるなあ。けなげだねと思うが、これじゃしんどくもなるわな、と思う。

共同生活の炊事番となって半年ぐらい経った頃、ごはんを作るのが苦しい時期があった。仕事がのってきて、このまま書き続けていたいのに、もうすぐごはんの支度をしなくてはならない。スーパーでぽつり「またごはん作るのか……」と漏らしたときもあった。急にメッセージが来て「夜は会社の人とごはんになった、ごめん！」なんて書いてあると「やった！」とひとりガッツポーズしてしまったの、忘れられない。

なぜか私は、妙に手作りにこだわっていたんである。そう望まれたわけでもないのに。あるときメインの唐揚げを内緒で冷凍食品に替えてみた。帰宅して感想を聞くと「めちゃくちゃおいしかったで」と。そう……おいしくて、手軽で、省力できて、いいことずくめ。

なんで私はこだわっているんだろう、何と闘っているんだろう……？

　作り続けているうち、自分の中の「妙なこだわり」はだんだんと薄らいでいった。


　ある日、つれあいに何かリクエストはないか聞いてみた。

「何か弁当で作ってほしいもの、ある？」

「そうやねえ……スパゲティ。トマトソースで、ベーコンとマッシュルーム入りの。それだけのお弁当が食べたい」

「え、のびておいしくないんじゃない」

「それはそれでおいしいねん。ええやんか」

　ええやんか、という言葉がとても心に響いた。そうだよな、いいかどうか決めるのは食べる相手で、私じゃない。私は手作りのほうがおいしいだろう、冷めてもおいしいものを詰めなきゃ、毎日違うものを出さなきゃと全部自分で決めて、それでいいか、それがいいかを相手と共有しないまま勝手に走り出して、勝手に疲れていたのである。

「あのさ、負担になるようやったら弁当やめて。無理せんでええやん」

　いろんな「ええやん」を提案してくれる人だから、これまで作り続けてこられたとあらためて思う。私は弁当作りでずいぶんと世界が広がった。

Tricks 09

リクエストから道の開けることもある

とりあえず困ったときは牛のすき煮（すき焼き風煮もの）を作っておけば、うちのつれあいは機嫌がいい。こういうメニューがあるとラクだ。甘さはひかえめなレシピなので、お好きな方はお好みで砂糖を小さじ1〜2杯ぐらい足してください。

細切り昆布の炒り煮は、岩手県の沿岸部を旅したときに覚えたおかず。ある日何気なく出したら「大好きやねん……こういうの」と好評で、意外だった。一緒に暮らしていても、相手が何を好むかの全体像っていつまでも分からない部分がある。

お醤油味同士のおかず、昔の自分だったらお弁当に同席させなかったけれど、リクエストだからまあ、いいのだ。

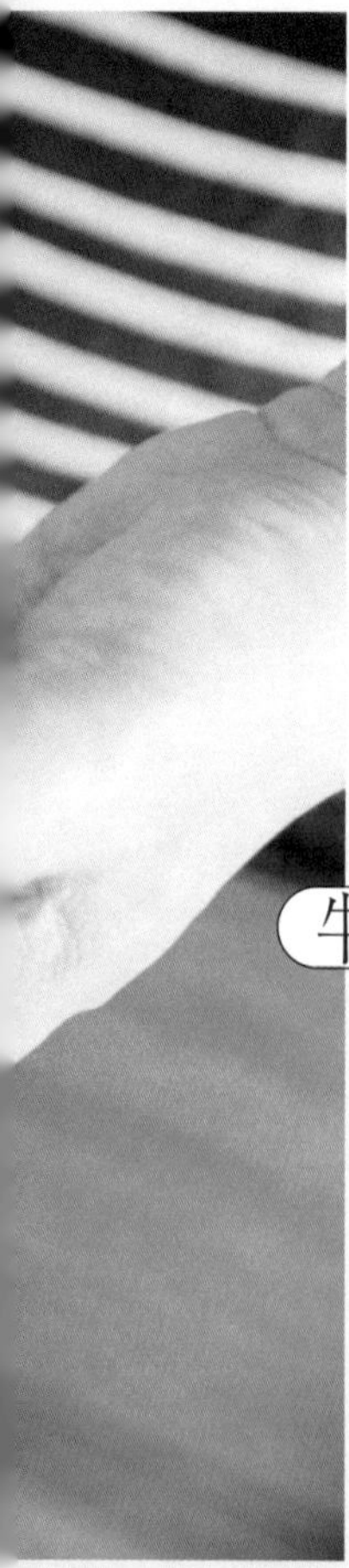

牛肉のすき煮

材料（2人分）

牛切り落とし肉 … 200g
しらたき … 120g
長ねぎ … ⅓本
A | 酒、みりん … 各大さじ2杯
醤油 … 大さじ2と½杯
サラダ油… 小さじ1杯

作り方

1 しらたきは2分ほど下ゆでし、粗熱が取れたら食べやすい長さに切る。長ねぎはななめ薄切りにする。

2 フライパンに油をひいて中火にかけ、牛肉、**1**を軽く炒め、**A**を加えて水分が⅓ほどになるまで炒め煮にする。

材料（2人分）

細切り昆布（乾燥）… 7g
にんじん … 50g
油揚げ … ½枚
A | 酒、みりん、醤油 … 各大さじ1と½杯
ごま油 … 小さじ2杯

作り方

1 細切り昆布は表示のとおりもどして水気をよく切っておく。にんじんと油揚げは細切りにする。

2 フライパンに油をひいて中火にかけ、1を軽く炒め、Aを加えて水分が飛ぶまで炒める。

細切り昆布の炒り煮

10 Tips

出汁に〝手抜き〟も〝本当〟もありません

鍋に出汁を入れて火にかける。

しゅうしゅうと音を立てて湯気が上がってくると、いい匂いがキッチン全体に広がって、ちょっと気持ちが上がってくる。料理にはアロマセラピー的な一面もあるなあ、と思うことが多い。

料理が面倒で億劫なときでも、やりはじめると調理の折々でフレッシュないい香りを嗅げることが多く、その都度テンションがちょっと上がる。

「またごはん作りかあ……」なんてしぶしぶ料理をはじめても、終える頃には元気を取り戻していることもある。ことに出汁をひいているときはいい匂いに包まれて、心がほぐされるような思いになることが多い。なんてのは、私だけかな？

出汁の形態にもいろいろある。顆粒やパック、あるいは鰹節や昆布などの昔ながらのもの。みなさんは日々の出汁、どうされているだろうか。

「出汁って〝本当は〟鰹節とかを使ってやるんですよね？」なんて聞かれることがある。「顆粒やパックは手抜きなんでしょうか」とも。さて、どうだろう。

私が普段使っているのはパック状のもの。料理によって昆布と一緒に煮ることもあり、いりこを足すこともあり。味噌汁やうどん、あったかいお蕎麦を作ることが多いので、出汁をひく頻度も高い。ゆえに「値段」と「手間」が重要だ。手頃な値段のパックは頼もしい存在なんである。出汁のおいしさが肝心なうどんや蕎麦のおつゆは、いりこと昆布をひと晩水に浸けてひいた出汁で、パックを煮ている。手間はかからず、よい出汁になる。

お正月のお雑煮など、ここ一番のハレの日は鰹節と昆布をたっぷりと使う。ああ、やっぱりおいしいな……とありがたい気持ちになる。ありがたいとは、在り難いと書く。普段の食事にするにはお金と手間がかかってむずかしいから、ハレの日の味なのだ。三が日の終わりと共に、出汁も日常に戻す。

出汁って「手間」と「値段」と「好み」の3点を自分なりに考えて、何を使うべきかのチョイスが必要なもの。自分の生活には何が合うのか、何がフィットするのか。そこを考えて選んだもの、行き着いたものに〝手抜き〟も〝本当〟もない。それぞれが正解なのだと私は思う。

Tricks 10

出汁は気分で使い分ける

普段使う出汁パックは、特にこれと決めていない。スーパーやデパ地下などで気になったものを買っては試している。選ぶポイントは「惜しげもなく使える値段」かどうか、ただ1点のみ。ほぼ毎日使うものだし、濃いめにしたいと思ったら迷いなくもう1パック投入できるぐらいの価格であることが重要だから。あ、でもひとつだけ常備しているものが。「久原本家 茅乃舎」の「野菜だし」は洋風スープを作るときに便利なので、買いおきしている。

昆布は単品だとその魅力が伝わりにくいかもしれない。鰹節や煮干しと組み合わせて比べてみると、それぞれ単品より味わいが複雑で、魅力的になっているのを感じられると思う。使い終わった昆布は刻んで五目ごはんの具によくする。

煮干し（いりこ）は人によっては魚の香りが強すぎるかもだが、私はもうすっかりクセになってしまった。煮干しひとつかみと10㎝角の昆布を水に浸けてひと晩おいたものが、我が家の定番出汁だ。

11 Tips

フジエさんの口ぐせ

カルパッチョという料理を知ったのは27年前のこと。私は大学生で、バイト先の海鮮居酒屋のメニューにあったのだ。お刺身より薄く切った魚を皿に敷きつめ、オリーブオイルを軽くまわしかけ、バルサミコ酢を少々、バジルペーストを数滴たらし、細かく砕いたガーリックチップをちょっぴり散らす、というなかなか凝ったスタイル。味見させてもらったとき、「おいしい！」と目を丸くしたら、板前さんがうれしそうに微笑んだのを覚えている。

私も最近、よくカルパッチョを作る。そのとき手頃なお刺身のさくを買い、包丁をななめに寝かせて切っていく。いわゆる、そぎ切りという切り方。私はそぎ切りってむずかしいイメージがあり、なかなか挑戦できなかった。あるとき我が母・フジエさんの口ぐせである「売りもの作るわけじゃあるまいし」がフッと思い出され、やってみる気になれたんである。

母は料理するとき、よく先の言葉を言っていた。玉子焼きはきれいに巻けなくてもいい。

煮ものは煮くずれたっていい。炒めものはベチャッとしてもかまわない。売りものを作るわけじゃあるまいし……と。

たしかにそうだよな、と思ってそぎ切りをやってみた。そりゃきれいにできるわけもないけど、私は板前じゃないし、家はレストランじゃないのだ。実に不細工なカルパッチョが出来あがったが、味はなかなかおいしかった。

カルパッチョによく使っているのは、鯛、かんぱち、ぶり、かつおなど。レモンなどをしぼって塩ぱらり、オリーブ油をまわしかけ、その日の気分でパセリやタイム、あるいは三つ葉や大葉などを刻んで散らす。お刺身で買うより断然安く上がるのも魅力だ。そぎ切りをするとき、売られているお刺身というのは技術料込みの値段なんだよな、と実感する。

見栄えもそりゃいいに越したことはないけれど、あまりうまくできないときに「売りもの作るわけじゃあるまいし」という言葉を思い出すと、ちょっと気楽になれる。フジエさんはいい言葉を教えてくれた。

ちなみにそぎ切り、鶏のむね肉でもよくやる。もちろんカルパッチョではなく、お鍋の具として。火も通りやすくなり、パサつかずさっぱりと食べられていいものだ。若い頃だと物足りなかったかもだが、最近は鶏むね肉にポン酢の鍋が胃に舌にちょうどいい。そうそう、鶏むね肉は魚のさくより断然安いので、そぎ切りの練習にもいいと思う。

Tricks 11

料理ルッキズムもほどほどに

「ばえる」なんていわれて久しい。料理の「見ばえ」に関しては私もずいぶんと気にするほうだった。

おいしそうな仕上がりにならないと、やっぱりくやしい。頑張って肉を焼いたのに焼き目がうまくつかなかったり、魚を煮たのに皮や身がくずれてしまったり。

「きれいに仕上げるのむずかしいから、この献立はもう作らない」なんて短気な思いになってしまい、レパートリーを自らどんどん狭めてしまう悪いループに陥ったこともあった。

振り返ってみれば、その料理自体に慣れてないのに、おいしそうなルックスになるわけもないんである。一度や二度作ったぐらいで味と外見の両方を合格点にもっていける人はいないわなあ……と、今だから思える。

こだわりを捨てて、日常の料理をこなしてだんだんと技術も上がっていくうちに、おいしそうに仕上げるコツをつかんでいけるのではないだろうか。

見ばえは「見映え」とも書くが「見栄え」とも書く。見栄という字が入っているところがちょっと皮肉だな、とよく思う。

私のカルパッチョ

ある日の材料（2人分）

鯛 … 1さく
国産レモン … ½個
パセリ、オリーブ油、塩、
　黒こしょう … 適量

作り方

1 鯛はそぎ切りにする。一定の厚さに切ろうと意識せず、自由に。薄いのや厚いのがいろいろあったほうが食感も楽しい。

2 皿に**1**を並べ、レモンをしぼり、刻んだパセリとレモンの皮、塩、黒こしょう、オリーブ油をかける。

12 Tips

荒波の日は海に出ない

料理を毎日するということは、自分の調子や機嫌と毎日向き合うということだ。昨日は難なく出来たことが、きょうはどうにも面倒くさい。ああ、人間にはなんで気持ちにムラや波があるのだろう?

料理研究家の上田淳子さんが雑誌に書かれていたことを思い出す。「料理は波乗り。いい波も荒波も、うまく乗りこなしていくしかない」と。まさにだなあ、と共感する。心に波のない穏やかな凪《なぎ》の日、私はじゃがいもや里芋の皮をむくことがちっとも面倒ではない。もやしのひげ根を取ることも、にんじんを細切りにしてキャロットラペを作ることも、ごぼうの繊細なささがきを作って牛肉と柳川にすることも、へいちゃらだというのに。

しかしひとたび荒波が起これば「食事の支度をしなくてはならない」という事実からが重い。こういうとき一般社会では「波乗り禁止」と誰かが判断してくれて「じゃあしょうがないよね」となるのだが、家事としての料理だとそうもいかない。どうにも気力が湧かないけれど作るしかなく、結果心身ともヘトヘトになってしまった……なんてこと、家料理を担当してる人なら誰しもあるんじゃないだろうか。これは炊事担当を経験しないと分からない種のしんどさである。

「料理したくない」という思いが湧くときとは、明日も明後日もずっと料理を私はしていくのだという事実がたまらなくつらく、重く感じられるときである。だから「じゃあきょうは外に食べに行こうか」「今夜は弁当にしよう」なんて言われても本質的には解決せず、「そういうことじゃない」と思ってしまう。

気持ちに波のある自分がとても嫌だった。いい年した大人だというのに自分をコントロールもできない。つれあいは協力的で私を責めることもなく、「自分のごはんはなんとでもするから、休んどきー」とやさしい。それがまた申し訳なかった。

私はどういう人間が理想なんだろう……と考えてみて出てきたのは「きちんと毎日作って、気持ちに波もなく穏やかに食を楽しみ、慈しみ、自分の担当家事を遂行できる」という人間像。あれ、なぜそんな高みを目指してるんだろう。私は超人を目指しているのだと思えたとき、ひとつラクになった。もうちょっと人間くさく生きていいんじゃないだろうか……。

私は荒波を乗りこなすのではなく。荒波の日は海に出ないと決めた。そうそう、先の上田さんも「こんな日もあるさとうまく波をかわしていきましょう」と書かれていたっけ。

Tricks **12**

半分に切ったミニトマトを熱々のルーの上に散らすだけでも、具材が増えることにより食べごたえも上がり、口の中でトマトが弾けることでフレッシュ感も増す。苦手じゃなければ刻んだパセリをぜひ。カレーとパセリの苦味は意外に合う。

よくやるちょい足し　その1

レトルトカレー＋ミニトマト

荒波の日の私の救命具

「きょうは海には出ない」と決めたって「だからごはんなし」とはいかない。こういうときレトルトや冷凍食品で「済ます」と考えると罪悪感が発生して、心の疲労物質を生みやすいので要注意。私はレトルトや冷食を「楽しむ」日と考える。たとえばレトルトカレーやシチュー、冷凍のピッツァやパスタにミニトマトを散らす、冷凍ほうれん草をチンして添える、刻んだねぎを加える。これだけでも「料理した感」はかなり増して、味わいもグンとフレッシュに。

しらすは私の冷凍常備品のひとつ（132頁）。トマトソースやチーズ系のピッツァにやさしいうま味をプラスしてくれる。すでに刻まれてある冷凍おくらはトッピングもしやすく、栄養アップにもいい。それぞれ好きなだけのせてからオーブントースターへどうぞ。

よくやるちょい足し　その２

冷凍ピッツァ＋冷凍おくら、しらす

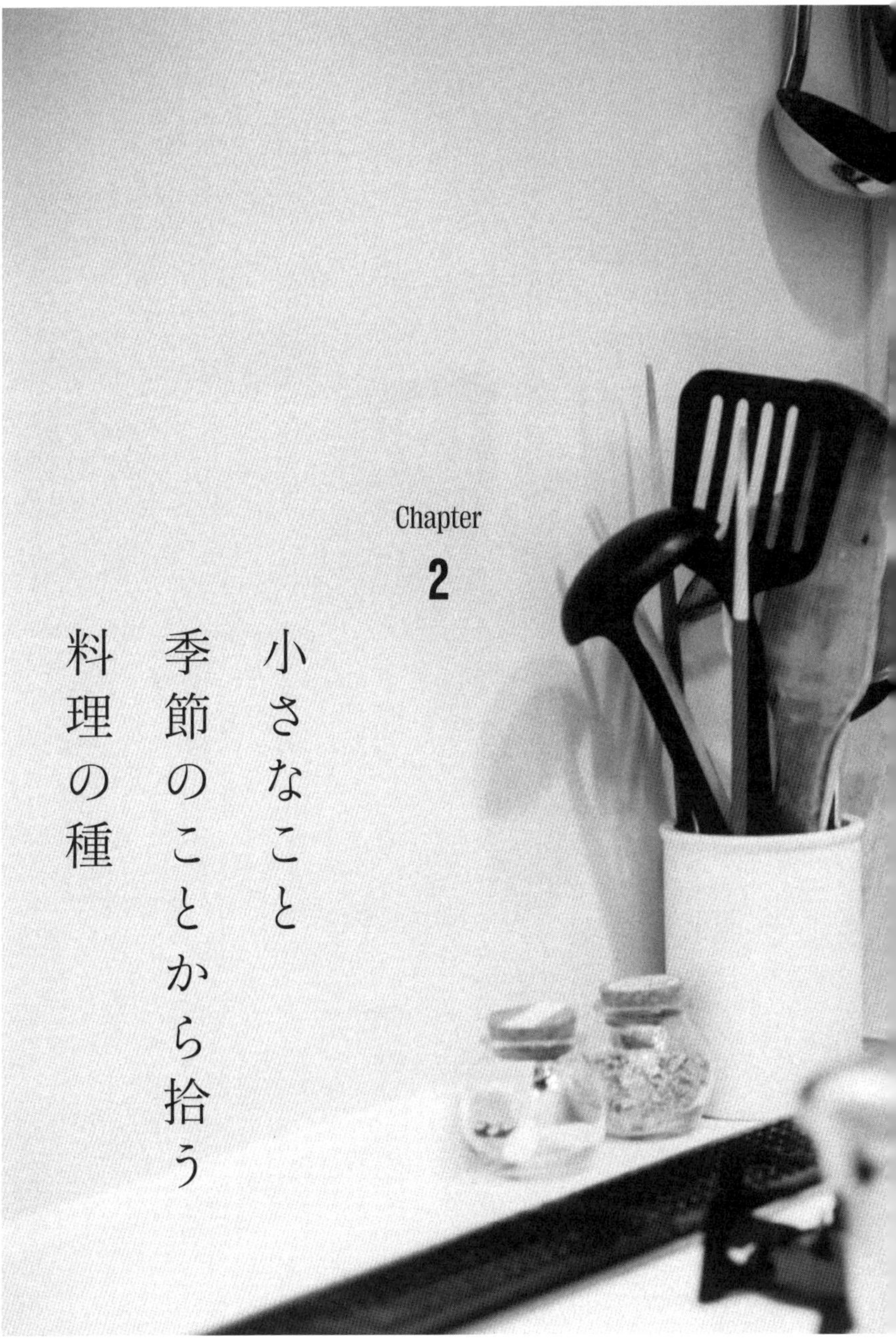

Chapter

2

小さなこと季節のことから拾う料理の種

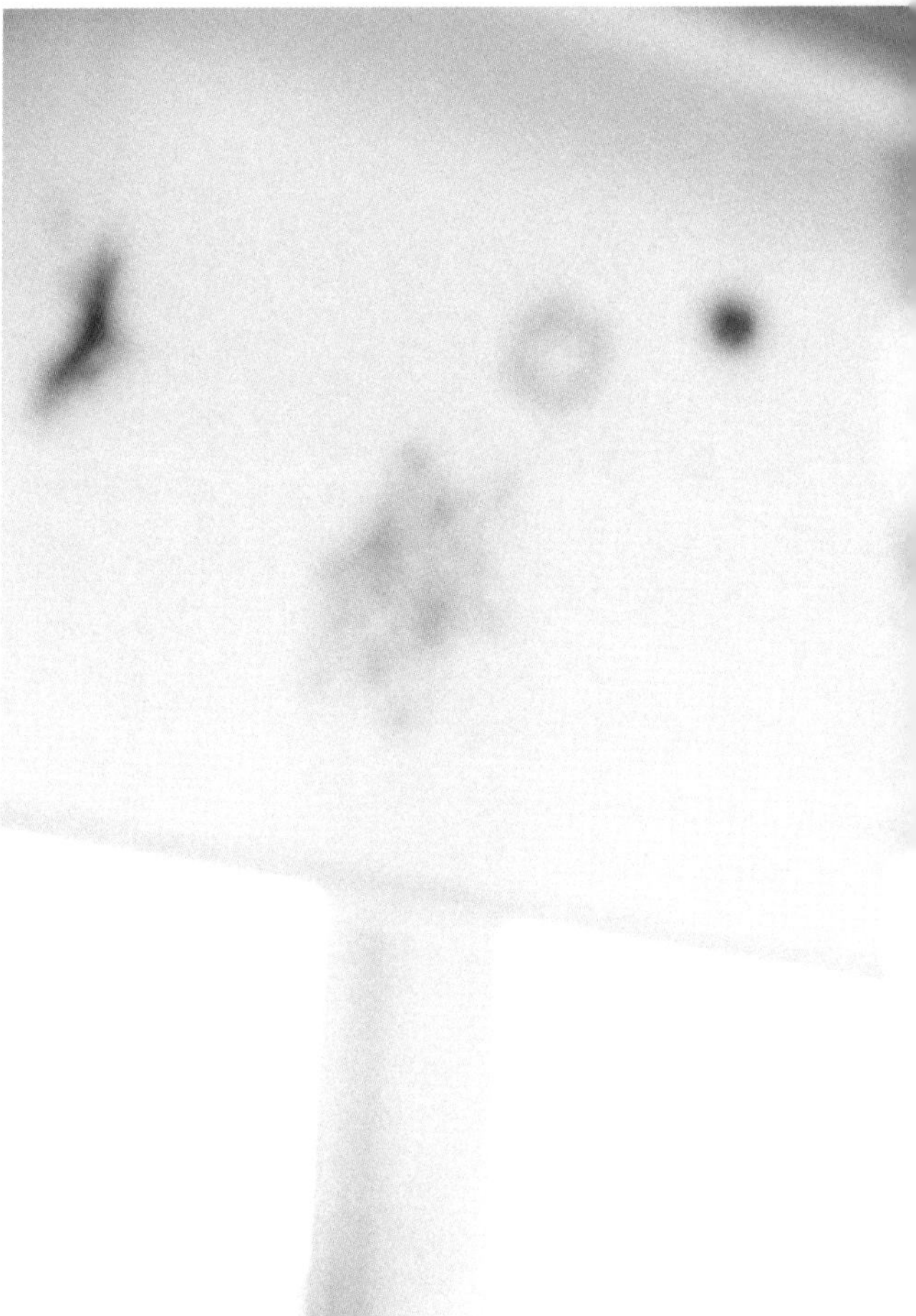

家族の一員、たま子さん。保護団体からゆずり受けたのが4年前のこと。野良経験もあるけれど、だんだんと人を怖がらなくなった。台所で料理をしていると、こちらをじっと見つめるたま子さんとよく目が合う。

13 Tips

ある日突然に「見分け」のつくこともある

見慣れないものは、全部同じように見える。聞き慣れないものは、全部同じように聞こえる。これはひとつ、真理だと思っている。子どもの頃など、親や祖父母が若い芸能人たちを見て「全員同じに見えるなあ……」なんて言ってなかっただろうか。そして正直私も最近、若手のグループ歌手を見ると「見分けがつかない」なんて思ってしまう。これは耳も同じで、聞き慣れないものはだいたいが同じように聞こえてしまう。例に出して申し訳ないけれど、演歌や民謡、あるいはクラシック音楽など、どうだろうか？　人間って慣れないものはだいたい同じように感じてしまうものなのだ。

スーパーマーケットでも同様のことが起こる。野菜や魚などの鮮度のよいものを選ぼうと思っても、買いもの慣れしないうちは全部同じように見えるものだ。「ハリのあるものがいい」「ツヤのいいものを選べ」と言われても、違いが分からない。私もそうだった。なすもきゅうりもトマトも全部が同じように見えてしまう。

しかし買いものを続けるうち、ある日ふと「あれ、きょうのにらはピンとしてきれいだな」「なすがツヤツヤしているな」と目に留まる日があった。いや、鮮度のよい野菜から目に飛び込んでくるような感覚というか。即座に「これは買いだな」とカゴに入れる。

目が肥える、なんていうけれど、同種の固体を無意識に何度も見るうち、経験知が上がっていって「分かる」に達することがある。時間と回数を重ねて分かってくること、料理まわりには多い。

逆に考えると、人間最初から違いが分かることなんてほとんどないのだ。興味のあることだって深いところの細かい違いなど、なかなか分からないものだし。そもそも「おいしい」というのも食べ慣れないと判断できないことは多い。最初は好きでもなかったものが、気がつけば好物になっていること、ないだろうか。そんなふうに鷹揚に考えつつ、鮮度の見きわめは慣れていきたい。

さて「目に飛び込んでくる」ようなよい野菜をどう食べようか。私はもっぱら刻んで、じっくりと焼いて塩ぱらり、が好きだ。手間も最小限ですむし、何よりおいしく思う。トマト、なす、ズッキーニ、れんこん、ピーマン、かぼちゃ、いんげん、かぶ、白菜なんかがこのじっくり焼きに向く。好みでにんにく、タイムなどのハーブと焼いてもいい。お酒のつまみにするならこしょうをひいても、あるいは仕上げにチーズをすりおろしても。

さて、今夜のつまみはほかに何にしようかな……。

じっくり焼いて塩ぱらりでいい

「どう料理しよう？」と迷ったときは、塩焼きに頼る。じっくり焼いて、塩ぱらりで大概のものはおいしい。特に旬の野菜は「ただ焼いただけ」がいいものだ。あれこれ手を加える前に、「ただ焼いただけ」の味を知っておくと素材の本質的な味と姿を確認できる。

たとえば、アスパラ。まずは1本、フライパンに油少々をひいて中火にかけ、2分ほど焼き、返してまた2分焼いてみてほしい（焼き時間は太さにもよるので目安で）。ふうふうして、かじってみる。根元のほうがかたいかもしれない。ならば次に焼くときは、硬かったあたりの皮をピーラーでむく。全体が同じような細さになれば火の通りも均一に近づく。同じことを繰り返すと、ピーラーでむいたほうがいいか、むくならどのくらいか、焼き時間は何分が適当かも、だんだんと見当がつくようになってくる。

塩だけに飽きたら風味づけをする。にんにくやしょうが、余っているハーブと焼いてもいいし、こしょうや粉チーズをふってもいい。クセのない油で焼いて、仕上げにオリーブ油をかけるのもアリだ。

ある日の材料（2人分）

- ズッキーニ … 1本
- なす … 1～2本
- にんにく（粗みじん切り） … ひとかけ分
- ローズマリー … 8㎝程度
- オリーブ油 … 大さじ1杯
- 塩、こしょう … 適量

作り方

1. ズッキーニとなすは1.5㎝幅に切る。
2. フライパンに油の半量を入れて中火で熱し、にんにく、**1**、ローズマリーを入れて3分焼く。
3. 野菜を返して火を少し弱め、残りの油をひく。フタをして2分焼き、火を止めて1分おいて、塩、こしょうをする。

野菜の塩ぱらり焼き

14 Tips

新しいことをしてみたい日には

近所のスーパーが突然ムール貝を扱いはじめた。とてもうれしい。好きなんだなぁ、ムール貝。飲み仲間でもあるスープ作家の有賀薫さんが「おいしい上に砂抜きが不要で、扱いやすい貝」と言われていて、試してみたら本当だった。岩に張りつくための足糸という細縄のようなものが出ているので、それを引き抜けばもう使える。

お酒か白ワインでしばし蒸すだけで、おつまみ1品の完成だ。手をかけられるときは刻んだ玉ねぎやセロリ、にんにくなどと一緒に蒸す。ビール、白ワイン、スパークリング、日本酒と特に合う。牡蠣やあさりもそうだが、貝はもともとの塩気とうま味がしっかりしているので、酒蒸しだけでじゅうぶんおいしい。ムール貝なんて使ったことないという人が多いだろうけれど、レパートリーに入れて損はない食材ですよ。

30代のはじめ頃、扱ったことのない食材を積極的に使ってみようと思い、日々意識して買っては調理していた。同時に世の中において一般的な料理で、作ったことのないものをなるたけ作ってみようとも。フードライターなんて名乗って飲食店を取材する以上、あらゆる食材にちょっとでも触れておくこと、様々な料理を一度でも実際に作っていることは、少なからず役に立つだろうという思いがあってのことだった。

なーんて偉そうに書いているが、残念ながら仕事はあまりなくて、せっかくの経験も役立てる機会はさほどなかった。しかし結果としていろいろな食材を調理できるようにはなり、毎日の献立を考えるうえで大きな助けとなっている。

人が料理する理由も様々だろうけれど、私の場合は何より「日々の食費をなるたけ抑えたい」というのが大きかった。加えて食いしん坊でもあるので「かつ、それなりにおいしく」が目標になる。ここを目指すうえで、調理できる食材が幅広くあるというのは強みだ。何しろ「スーパーでその日一番安い食品、特売品、見切り品」で何かしらを作れる可能性が高くなる。

キャベツやもやし、豆腐など「お手頃でありがたいメンツ」もだいたい決まってくるのだが、いろんなジャンルの料理を作っていると味つけのバリエーションも増えるので、食べ飽きない工夫もそれなりに出来るようになる。

何か新しいことをしてみたい日って、たまにないだろうか。「料理したことのない食材に挑戦してみる」なんて、どうだろうか。

Tricks 14

はじめての食材にトライしてみよう

使える食材がひとつ増えるだけで、料理の世界はグンと広がる。食卓と台所はよりひらかれたものとなる。オーバーだな……と思われるかもしれないけれど、日頃通っているスーパーに行って、野菜や鮮魚、精肉コーナーどこでもいいから、「一度も使ったことのない食材」がいくつあるか、数えてみてほしい。きっとかなりの数になると思う。未知の食材ひとつから広がるメニューが最低5つあるとして、掛け算をするといくつになるだろうか。

スーパーって、買うものをあらかた決めて行く人がほとんどだ。「○○はどこだろう」と目的のものに直進してしまうと、それ以外はなかなか目に入ってこない。

あまりにもったいない。使ったことのないもの探しをすると、「へえ、こんなものも置いてるんだ」なんて発見もあれば、「どうやって食べるんだろう……」と気になるものに出合えることがある。

気になるものを見つけたら、レシピを検索してみよう。「作ってみたいな」と思えるメニューがあったら、自分のレパートリーを広げるチャンスなのである。

香味野菜を入れず酒蒸しだけでも美味。あさりのように味噌汁に入れてもおいしいですよ。トマトソースに加えるのもおすすめ。

材料（2人分）

ムール貝 … 450g
セロリ … ⅓本
にんにく … 4g
パセリ … 大さじ1杯分
白ワイン … 70㎖
オリーブ油 … 大さじ1杯
こしょう … 適量

作り方

1 ムール貝は洗って、足糸を引き抜く。セロリ、にんにく、パセリはみじん切りにする。

2 フライパンに油をひいて中火で熱し、1、白ワインを加えてフタをする。蒸し煮にして、ムール貝がすべて開いたらこしょうをしてサッと合わせる。

ムール貝のワイン蒸し

15 Tips

春がチャレンジ精神を連れてくる

普段、ほとんど揚げものはしない。油を多量に使うのがもったいない気がするのと、下準備と片づけが面倒に思えてしまうのが主な理由。それに揚げものは慣れてる人が揚げたほうが断然おいしいので、外で食べるかテイクアウトするのがいいと思っている。

「料理は苦手」という人に話をうかがうと、いろんなものをうまく作れなくてはいけないと思っている人が多い。世の定番料理は「誰しもが作るもの、作れるもの」と決め込んでいるような。

私は料理が好きで、食を仕事にまでしているが、基本的に日々作りたいものしか作っていない。若いうちに定番の料理はひと通り作ってみたが（フードライターと名乗る以上はそういう経験が必要だと思った）、自分にとって作りにくいもの、面倒に思えるものは「私の生活では作らないもの」とジャッジして、レパートリーには入れずにきた。自分にとって作りやすいもの、手間はかかっても好きだから作りたいものだけを日常で作っている。作りたくないものは、作らない。作れるものだけを作っていく。当たり前のことだけれど、世の中にはそう思えない人もいる。無理を重ねていると、キッチンはどんどんつらい場所になってしまう。自分の気持ちをラクに軽くするためにも「作らないジャッジ」は必要なことだと、思うわけです。

というわけで揚げものは（ほぼ）やらない私だけれど、春だけは話が別。青森に暮らす父が山菜をあれこれ送ってくれるので、そのときだけは天ぷらをする。最近の天ぷら粉は本当に優秀だから、油の温度さえ気をつければ私でもおいしい天ぷらが揚げられる。

ふきのとうやたらの芽の揚げたてをいただくと、1年が経ったなあ……と実感する。心に何かが芽吹くような思いになって、春を自分の手でつかんだ気になる。そして父はまだまだ山に入って山菜を採る元気があるんだな、足腰も丈夫なのだなと分かるのもうれしい。

ふきのとうの天ぷらはカリッとかために揚げて、お茶漬けにするのもいい。ほうじ茶が向くように思う。ごはんの山から顔を出したようなふきのとうを見るのも楽しいものだ。こしあぶら、という山菜はなかなか出回らないけれど、天ぷらにすると素晴らしくおいしい。もし機会があれば逃さず食べてみて。

今年も山菜を元気に食べられますように。

Tricks 15

父の山菜の天ぷらとちらし寿司

春はスーパーに行くのが楽しい。山菜をはじめ、春キャベツ、たけのこなど時季のものがスーパーの棚にだんだん出揃ってくると、同時に冬が遠のいていく。「お、わらびがもう出てる」なんて瞬間は心がちょっと浮き立って、いいものだ。ただ最近は、まだ冬のうちにあれこれ早く出すぎるきらいもあるけれども。

私は小学生時代を東北で過ごし、両親共に寒いところの出身。春を想う気持ちが特に強いのかもしれない。料理欲が特に刺激される季節でもある。ある日のこと、えんどう豆を見かけて、ちらし寿司を作りたくなった。ゆでで緑色も鮮やかになった豆を寿司飯の上にたっぷりと散らす。玉子の黄色、しいたけの濃茶ときれいなコントラストになって、出来あがってうれしかったな。

ちらし寿司は季節の食材、うま味担当（干ししいたけの煮たの）、食感を彩るもの（れんこん、絹さやなど）の3つで構成すると作りやすく、おいしい。父が送ってくれた山菜の天ぷらと合わせて、豪華な春の食卓になった。こんな日もある。

ある日の材料（作りやすい分量）

干ししいたけ … 20g
れんこん … 100g
たけのこ（水煮）… 80g
えんどう豆（むいてあるもの）… 30g
絹さや … 25g
玉子焼き … 卵2個分
しらす … 大さじ3杯
寿司飯 … 2合
めんつゆ（3倍濃縮）… 大さじ2杯
砂糖 … 小さじ2杯
白だし … 大さじ1杯

作り方

1 しいたけは水200mℓでもどし、めんつゆ、砂糖を加え、10分煮て冷ます。れんこんは皮をむき、厚さ3㎜に切る。たけのこは角切りにし、水大さじ4杯を加えた白だしに浸す。

2 えんどう豆、筋を取った絹さや、れんこんは順に塩ゆでして（水500mℓに小さじ2杯の塩）、水気を切る。玉子焼きは角切りにする。

3 しいたけは薄切り、絹さやはななめ細切りにする。すべての具材を寿司飯の上に散らす。

春のちらし寿司

16 Tips

食欲減退の夏こそ欠食しない

情けない話で申し訳ないが、年々「夏負け」が進行している。暑い日が続くと、てきめんに食欲が落ちてしまう。フードライターが食欲ないんでは商売あがったりだ。昔、年上の方々が「そうめんぐらいしか喉を通らなくて」なんて言ってるの、意味が分からなかったのに。

食欲のなさに任せて1食抜いてしまうと、ずるずる栄養バランスがくずれる悪いサイクルに陥りがち。だからつらくとも欠食だけはしないようにしている。そんなとき頼るのが冷や汁だ。

宮崎の郷土料理とよくいわれるが、各地で冷たい味噌汁は食べられてきた。作り方もいろいろあるけれど、味噌に焼きをつけて香ばしさを出し、いりこやごまと一緒にすり鉢ですり和え、冷水で溶いて、塩もみしたきゅうりをたっぷり入れるのが私の基本形である（すり鉢がなくてもできる、ツナを使ったやり方を76頁でご紹介します）。

野菜もなるたけ一緒に摂りたいので、みょうが、大葉を入れることも多い。意外だろうが、トマト、かいわれ、オニオンスライス、クレソン、ホールコーンなんかも悪くなかった。ごはんにかけてもいいし、冷たいうどんやそうめんにかけてもおいしい。ごま油をほんの数滴食べる直前にたらすと、食欲を誘ってくれる。

夏に出番が多いといえば、なすもだ。子どもの頃は大の苦手だったけれど、理由がもう思い出せない。今では夏の間に何本食べるか分からないほど好物だ。特に焼きなす、皮をむくのがちょっと（かなり？）手間だけど、好物なのでよく作る。おかかと醤油もいいけれど、オリーブ油と塩、刻んだみょうがで食べるのもいい。あるいはオリーブ油と醤油も意外とおいしいので、試してみてほしい。

香川県の郷土料理でなすそうめん、というのがある。なすをじっくり焼いて、油揚げと一緒に甘辛く煮て、その温かい煮汁も一緒にそうめんに絡めていただくもの。これが食欲のないとき、実にいいのだ。煮るときちょっと鷹の爪を入れるのがポイント。

なすそうめんの紹介記事は私が制作したものの中で、最もよく読まれた記事となった。ツイッターだけで言えば2万8千リツイートを超えて、いまだに夏になると読まれている。一度読者さんから「なすがなかったので省きましたが、おいしかったです」と感想をいただいたのが、忘れられない。

Tricks 16

喉をさらりと通る冷や汁、なすそうめん

材料（2人分）

きゅうり … 100g
みょうが … 2本
ツナ（水煮）… 大さじ2杯
すりごま … 大さじ1杯
味噌 … 大さじ2杯
冷水 … 200mℓ
冷やごはん … 適量
塩 … 小さじ⅕杯
醤油 … 適量

作り方

1 アルミホイルに味噌を薄くのばし、オーブントースターで表面がこんがりするまで焼く。
2 きゅうり、みょうがは洗ってキッチンペーパーで水気をふき、薄い輪切りにする。きゅうりはボウルに入れて塩を加え、軽くもむ。しんなりしたらしぼる。
3 ボウルに味噌と冷水を入れてよく溶き、**2**、ツナ、すりごまを加えて味見する。薄ければ醤油少々を加え、ごはんにかける。

冷や汁

なすそうめん

材料（2人分）

なす … 3本
油揚げ … 2枚
みょうが … 2本
唐辛子 … ½本
めんつゆ（ストレートタイプ）
　… 300mℓ
ごま油 … 大さじ1杯
そうめん … 2束（ゆでておく）

※油揚げの切り方は、短冊、三角形などお好みで。そうめんの水気をしっかり切るのがポイント！

作り方

1 なすはヘタを落とし、タテ半分に切って、ななめに浅く切り込みを入れておく。油揚げは食べやすく切る。みょうが、唐辛子は輪切りにしておく。
2 フライパンに油をひき中火にかける。なすは必ず皮を下にしてまず3分焼き、返してフタをしてまた3分焼く。
3 フライパンに油揚げ、めんつゆ、唐辛子を加えて5分煮る。
4 お皿にそうめんを盛り、なす、油揚げをのせて、煮汁をかけ、みょうがを添える。

17 Tips

食欲の秋、私の場合

料理番組のプロデューサーと話をしていて、旬の話になった。

「どんな食材も季節問わず手に入る時代ですが、梅とらっきょう、栗は旬のときしか手に入らない。毎月旬の食材は紹介しているけど、特にこの3つは必ず放送したい」

現代は旬が感じにくい世の中だから、と言葉を続けるプロデューサー氏。収録番組なので、梅干しやらっきょう漬けの回は放映の1年前に撮影しているのだという。心意気に感じ入った。栗や梅を見かけるたび、あの人の熱意を思い出す。私も旬を感じてもらえる記事を作っていきたい。

実りの秋を感じさせる食材といえば、栗が代表格ではないだろうか。一度、石川県輪島市の栗農園を訪ねたことがある。朝の5時にはじまる収穫の様子を取材させてもらったが、大粒の栗がなだらかな栗山のあちこちにごろごろたくさん転がる光景を目にして、自分でも意外なぐらい興奮してしまった。そう、栗は「お宝感」が強い食材だと思う。

農家さんのご自宅でいただいた栗のおいしさが忘れられない。シンプルに揚げて塩しただけの栗は取材と遠慮を忘れて没食いしてしまった。フライドポテトならぬ、フライドチェスナッツ。170度の油で3〜4分ほど素揚げすれば出来あがり、素晴らしいビールのおともになる。「栗は木から落ちて時間が経てば経つほど、糖分も失われるんです」と農家さん。拾いたての栗をこれでもかと一緒に炊き込んだごはんが忘れられない。炊飯器が開いた瞬間、子どものように声を上げてしまった。ほっくりした食感とみずみずしさが同居する栗に言葉を失い、夢中で食べた。

秋はきのこと思う人も多いだろうが、天然のきのこを食べられる機会は一般的にそう多くはない。以前料理番組を見ていたら、料理家の先生が「きょうはきのこ料理です。今回使うのは栽培物なので秋だから特別おいしいというわけでもないですが、やっぱり秋はきのこが食べたくなりますよね」と正直で強引なトークをされていて笑ってしまった。

まいたけと秋鮭の炊き込みごはん、というのを秋はよく作る。なんとなく思いついた組み合わせだが、さっぱりした秋鮭と香りのいいまいたけが思いのほか仲良しとなった。ごま油でコクを加えるのがポイント、おむすびにしてもいい。友人が「運動会に作って持っていったら、子どもたちがすごく喜んでくれた」と報告をくれて、うれしかったな。

Tricks 17

炊き込みごはんは余り食材の消費にも◎

炊き込みごはんも「むずかしそう」と敬遠されがちな料理だ。実際私もそうだった。五目ごはんなど、用意する材料も多いし「手間かかりそう……」と思い、長いことトライしなかった。そんな料理ほど作れたときの喜びは大きい。「わ、自分ってすごいかも！」と浮かれてまたやりたくなるもので、私はよく炊き込みを作るようになって今に至る。五目ごはんは別に名前のとおり5種類具材を用意しなくたっていいのだ。紹介したまいたけと鮭の炊き込みのように、具は2種類でもおいしい炊き込みは作れる。あるいは余っている野菜をあれこれざっくり刻んで、肉や魚介、刻んだ練りものなどと共にごはんの上にのせて炊くのもいい。炊き込みに慣れると、余りものを消費する方法が増えて、料理は広がる。

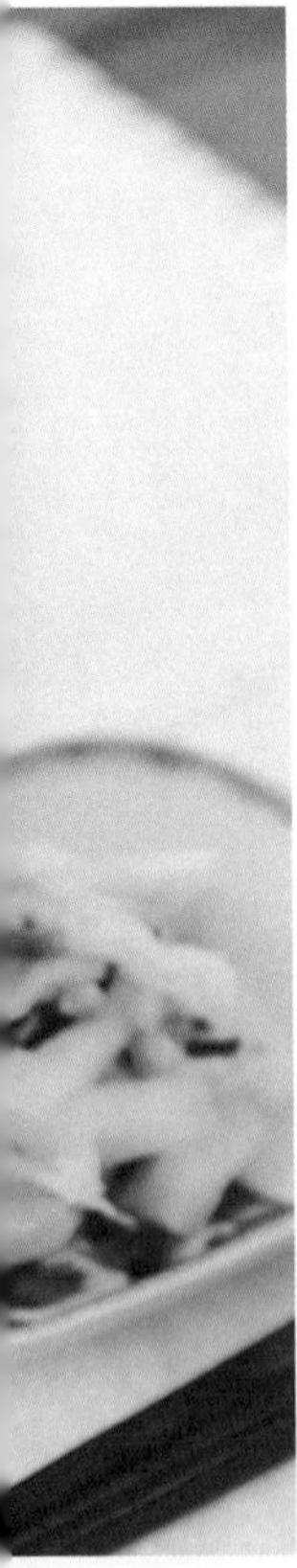

材料（作りやすい分量）

秋鮭（生鮭）… 2切れ
まいたけ … 130g程度
米 … 2合
醤油 … 大さじ1杯
酒 … 大さじ1杯
ごま油 … 小さじ½杯
水 … 適量
塩、青ねぎ … 適量

作り方

1 鮭は軽く塩を全体にしておく。米は洗ってざるに上げておく。
2 炊飯器に米と醤油、酒を入れて2合の目盛りまで水を入れてひと混ぜする。
3 米の上に鮭をのせ、すき間にほぐしたまいたけを詰める。ごま油をたらし、炊く。

炊飯器以外の鍋で炊く場合は、米を洗った後に浸水させてください（21頁）。

まいたけと秋鮭の炊き込みごはん

18 Tips

冬は湯気に心和む

冬、湯気のあるところに人は集まる。コンビニのレジ脇におでん鍋と中華まん蒸し器が並んでいるというのは、かなりの集客要因になっていると思う。実際にもうもう湯気を立てているわけじゃなし、それらを目当てに訪れる人ばかりじゃないが、蒸気を感じさせるものがあるというだけで、人の心はたぐり寄せられているのではないだろうか。

フードライターになったごく初期、雑誌のおでん特集を任されたことがあった。都内のおでん専門店10軒を取材して得た知識が今、自分のおでん作りに役立っている。私のおでんベースは鶏がらと昆布の出汁。野菜と練りものを入れて軽く煮た後に味見をして、薄口醤油と塩を加えて煮る。さつま揚げなどから出る塩気と甘みで汁の味はけっこう左右されるので、練りものを軽く煮てから調味するのだ。ある程度煮えたら一度火を消して冷まし、もう一度煮て出来あがり。大根は最初に別で煮ておく。水から15〜20分ほど煮て、ざるに上げておき、冷ましてからおつゆで煮るのがコツ。味のしみがよくなる。

おでんに限らず各種煮もの、シチュー、ポトフなど、鍋が火にかけられて湯気を上げているというだけで冬は目に快く、乾燥対策にもいい。台所まわりの居心地がちょっとよくなる。ストーブを買って鍋を上にかけたいなあ……と夢見つつ、もうずいぶん歳月が経ってしまった。

冬に手がのびるものといえば、私はなんといっても牡蠣だ。この時期おいしいちぢみほうれん草や白菜と合わせるのが好きで、お出汁でサッと煮てもいいし、バター醤油で炒めても、ホワイトソースで煮てもいい。ペペロンチーノ風にソテーしたり、にんにくトマトソースに絡めたり。オリーブ油でじっくり焼いてカレー粉ぱらり、なんてのもおいしい。「白央さんって牡蠣をとてもカジュアルに使いますね。まるで豚こま肉みたいに」とは料理研究家で飲み友達でもある、しらいのりこさんに言われた言葉。たしかに牡蠣の登場頻度、うちはえらい高い。湯豆腐やチゲにも入れるし、醤油と砂糖で佃煮っぽくもする。食べるとなんとなく「元気の出る感じ」もうれしい食材だ。

牡蠣を使うって、はじめはハードル高く感じるかもしれない（私がそうだった）。年が明けて2月、3月まではおいしいので、まだの方はぜひとも牡蠣料理、デビューしてみませんか。

Tricks 18

私の好きな牡蠣のおつまみ

まずは下処理から。牡蠣はパックから出したらざるに上げて、小さじ2杯ぐらいの塩をまんべんなくふる。手でやさしく全体を混ぜて、流水でひとつずつ、ひだの中までていねいに洗い流す。水気をよく切ったら、いざ調理へ。

牡蠣と相性のいい野菜のひとつが菜の花。シンプルに炒めて軽く蒸し焼きにするのがおすすめ、レシピは左に書いたとおり。

牡蠣と菜の花は、出汁と薄口醤油、酒でサッと煮て若竹煮みたいにするのもいいし、ベーコンをちょっと加えてバターで炒め、ミルク少々で煮てもおいしい。

冬のものと春のものといわれるかもだが、この相性のよさは捨ておけない。

注・疲れているとき、体調に不安のあるときは牡蠣、避けましょう。

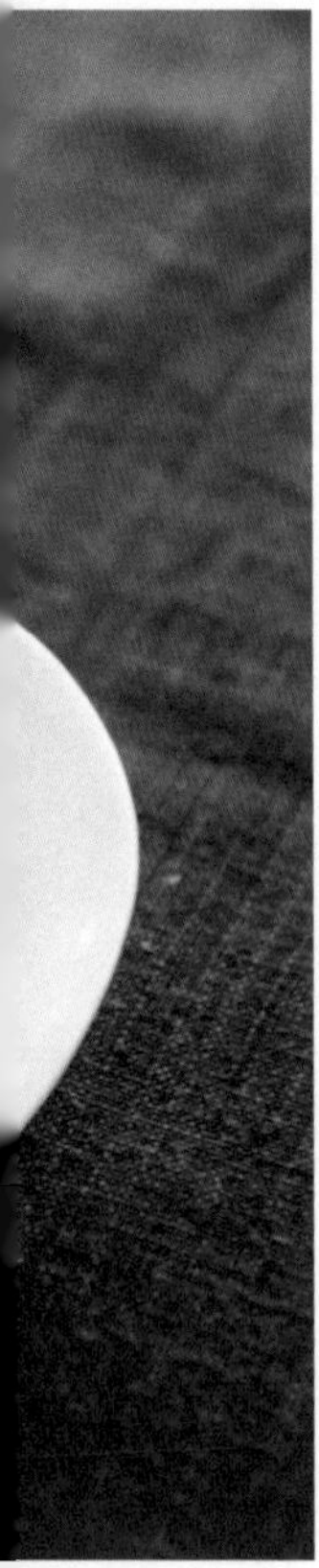

材料（2人分）

牡蠣 … 10粒ほど
菜の花 … 4〜5本
オリーブ油 … 小さじ2杯
酒 … 大さじ1と½杯
水 … 大さじ1杯
醤油 … 小さじ2杯
塩 … 適量

作り方

1 牡蠣は下処理しておき（右の文章を参照）、菜の花は6〜7㎝幅に切る。太い茎は半分に切っておく。
2 フライパンに油をひいて強めの中火にかけ、牡蠣を加えて片面1分焼く。
3 牡蠣を裏返し、菜の花、酒、水を加えてフタをして2分焼く。醤油を加えて全体を軽く炒め合わせる。お好みで塩をふる。

牡蠣と菜の花の炒めもの

19 Tips

舌になじんだ味と冒険と

味噌選び、みなさんはどうされているだろう。料理研究家のきじまりゅうたさんと話をしていたとき、「ひとり暮らしをはじめるときは、実家で使っている味噌を調べて、それを買って持っていったほうがいい」的なことを言われたのに納得した。

人間、なじんだ味が一番である。私も大学生になってひとり暮らしをはじめてから長いこと、親に味噌を送ってもらっていた。母の実家が新潟の農家で、ずっと手作りの味噌を分けてくれていたのである。おいしかったんだな、これが。でも次第に作らなくなって、親共々しばらくさびしい思いをした。スーパーに行けば様々な味噌が売られているが、いざ探すとなかなか自分好みの味噌には出合えないものである。味噌の味わいも地域によって多種多様。いくら良質なものでも、舌になじみのない味だと「えっ、これ違う」と心が拒否してしまう。枕と味噌はいきなり変えると困っちゃうものなのだ。

ここ数年私は、富山県魚津市にある「宮本みそ店」の「純正」味噌を愛用している。魚津を旅したときに地元の方が教えてくれて、試してすぐに惚れてしまった。辛すぎず、甘すぎず、実にやさしい味わい。香りがよくて塩気もまろやか、ねっとり柔らかくて汁に溶けやすいのもいい（溶けにくい味噌というのは味噌汁を作るときにひと手間増えて、けっこう面倒くさいのだ）。

やっぱり富山県と新潟県、遠くないエリアの味噌だから私の舌にもなじみがあるのかもしれない。定期的に通販でまとめ買いをして、すぐ使わない分は冷凍庫に入れている。

なじみのない味噌は心が拒むものと書いたが、舌を慣らしてなじみを広げると味の世界はグッと広がり、日常も豊かになる。この本を手に取ってくれた人は、きっと料理好奇心が強いはずだ。もし興味が湧いたら、各地の味噌も試してみてほしい。

九州地方の麦味噌はさっぱりと軽いのがいい。私は暑い時期、味噌汁は麦味噌を使っている。夏野菜のおくらや水なすをサッと煮て具にすると実においしい。冷や汁にもするのもおすすめだ。ちょっと濃いめに作って氷を入れた単純な冷や汁もなかなかおいしいものである。キリッと辛めの仙台味噌なら、酒とみりんで溶いて炒めものに使うのもいい。甘めでまろやかな信州味噌なら寒い時期、根菜と豚肉、きのこで鍋仕立てにするのもおすすめだ。東海地方の八丁味噌（豆味噌）は煮込むことで真価を発揮する。もつ鍋や豚スペアリブの煮込みなんかに使いたくなる。

Tricks 19

味噌の活用法

「味噌って味噌汁にしか使っていない」という人、わりに多いのではないだろうか。もちろんそれでもいいのだけれど、たまには別の料理に使ってみると、料理の幅はさらに広がっていく。

　私は肉野菜炒めの味つけにも使っている。酒で溶いておき、炒めた肉野菜に絡めれば完成の手軽さだ。肉にふっておいた小麦粉で全体に軽くとろみもつく。

　味噌におろししょうが、おろしにんにくを少々加えてもおいしく、辛めの味噌ならみりんも加えて溶いておく。

　あるいは味噌のお鍋もいい。水炊きの要領で材料を用意し、鍋にお出汁を張って味噌を濃いめに溶き、バターを加えて鶏肉や野菜を煮込んでいく。2〜3人前ならバターは15gぐらいから試してみて。ピリ辛味が合うので、ラー油や七味、あるいはキムチをお好みで。

　何かの料理用に買った八丁味噌や豆味噌が使い切れないという場合は、酒やみりんでしっかり溶いて、麻婆豆腐や回鍋肉の味噌として使うのがおすすめ。あまり好みでなかった味噌は料理にどんどん使っていこう。

豚肉と野菜の味噌炒め

ある日の材料（2人分）

豚こま肉 … 200g
小松菜 … 120g
好みのきのこ … 90g
小麦粉 … 少々
サラダ油 … 小さじ2杯
A 味噌（辛口）… 大さじ2杯
酒、みりん … 各大さじ1杯
おろししょうが … 小さじ1杯分

作り方

1 豚肉を食べやすい大きさに切り、小麦粉を薄くまぶしておく。小松菜は5㎝幅に切り、きのこは石突きを除いてほぐしておく。容器に**A**を入れてよく溶き合わせておく。
2 フライパンに油をひいて中火にかけ、豚肉を炒め、全体が白っぽくなったら小松菜、きのこを加えて軽く炒める。
3 **A**を加えて、全体に絡めるように炒める。

20 Tips

人と暮らして広がった味

生粋の大阪人と暮らしてもうすぐ8年目。とにかく私が作ったものはなんでも食べてくれる人で、助かっている。

「うちなんか食べ慣れないものは絶対箸つけない」

「家族に好き嫌いが多いから、うらやましい」

周囲から「ありがたいと思いなさい」とよく言われる。

なんでも機嫌よく食べてくれるが、やっぱり「ああ、これ好きなんだな」とか「いまいちだったか」というのは伝わってくるもの。好物のひとつに粕汁がある。出すと確実に上機嫌になり、鼻歌が出ることもある。

東日本で育った私は、粕汁にほとんどなじみがない。食べる地域はもちろんあるが、関西を旅すると日常食としての浸透度合いが段違いだと肌で感じる。

つれあいは、鮭をメインに大根、にんじん、こんにゃく、ねぎ、油揚げを具にして、出汁で煮て酒粕をたっぷり、味噌はほんの気持ち程度、という塩梅を好む。酒粕の香りに私はどうにも慣れることができず、一度味噌を多めに作ったら「いただきまーす」の笑顔がひと口でシュンとしてしまい、申し訳ない気持ちになった。普段は好きに作らせてもらっているのだから、粕汁は私が合わせようと観念した。

先日、とある撮影でのこと。料理家さん、編集者、フォトグラファーのお三方がそれぞれ兵庫、京都、大阪と関西育ちばかりだったので「粕汁って好きですか?」と尋ねてみたら、「好き!」といい声が重なる。しばらく「うちの粕汁話」で盛り上がった。粕汁って鮭で作るものと思い込んでいたのだが、「いや、豚でもよくやりましたよ」「鶏のときもあったなあ」「うちはちくわが絶対入ってて」と話が広がる広がる。なんだ、粕汁ってかなり自由じゃないか。SNSにそんなことを書いたら、神戸の方から「昔は鯨のコロ(※皮の部分を揚げて乾かしたもの)も入れてました」とも教えていただく。以前、秋口に大阪を旅して卸売市場を訪ねたら、食堂の入り口に「粕汁はじめました」という張り紙があり、新たな季節のはじまりを告げるものでもあるんだなと感じ入った。「冬は粕汁をつまみに飲む人もいるよ」とも。真似てやってみたいと思いつつ、まだ果たせていない。

今のつれあいと暮らさなければ、粕汁を作ることもなかったろう。異文化が身近になり私の料理はちょっと広がった。正直まだ酒粕には慣れないのだが、うれしそうな顔が見たさに作っている。

粕汁はなかなかに自由だ

私の場合、最初に食べた粕汁が鮭入りだったので「粕汁＝鮭」というのが強く心にあり、鮭じゃなければいけないと勝手に思い込んでしまっていた。いろんな人と粕汁の話をしてよかったなと思う。

最近では「具だくさんの味噌汁」を作る感じで、そのときあるものを煮て、酒粕を溶き、味噌か醤油を少々で風味づけ、ぐらいの感覚で作っている。

ウインナーやベーコンを入れた粕汁もおいしかったし、厚揚げや練りもの、ちくわぶが妙に合うことも発見。練りものでいえば、いわしのつみれがよく合うんだ。うーん、おでんの具ならなんでも合うのではないだろうか。これからもっと試してみるつもり。

今までなじみのなかった料理が自分の手のうちに入ってくるのは、楽しくうれしいものである。先に書いた味噌汁のように、脳内自由化がだんだんと進んできたわけだ。

関西以外でも、日本各地の酒蔵の周辺地域はやはりよく粕汁が食べられているよう。

今度酒蔵を訪ねたら、粕汁レシピも取材してみたい。

粕汁を作るときは、最初に酒粕を出汁にひたして、柔らかくしておく。そうすると溶けやすく、ダマになりにくい。

粕汁

ある日の材料（作りやすい分量）

豚バラ肉 … 100g
大根 … 90g
にんじん … 70g
油揚げ … 1枚
豆腐 … ⅓丁
好みのきのこ … 80g程度
酒粕 … 大さじ3杯
味噌 … 小さじ1と½杯
長ねぎ … 少々
出汁 … 700mℓ

作り方

1 大根とにんじんはいちょう切り、油揚げは短冊切り、豚肉と豆腐は食べやすい大きさに切る。きのこは石突きを除いてほぐしておく。

2 出汁、1を鍋に入れて沸かし、具材に火が通るまで煮る。酒粕と味噌を入れて溶かす。食べるときに刻んだ長ねぎをのせる。

21 Tips

脇役を主役に　私のサラダ

よく作るサラダがある。

刻んだ豆苗、三つ葉、みょうが、大葉をたっぷりと混ぜ合わせたもの。個性的な4つの野菜はけっこう相性がいい。噛むと口の中で様々な香りが混じり合って、楽しいんである。説明だけ読むと「香りがケンカしちゃうのでは……」と思われるかもだが、まあやってみてほしい。ドレッシングはなんでもいいけれど、オリーブ油少々、レモンひとしぼり、塩こしょうぐらいでじゅうぶん。このサラダの話をすると「豆苗って生で食べられるんだ」とよく言われるが、サラダに便利な野菜ですよ。

話はいきなり逸れてしまうけれど、ずっとドレッシングは買うものだと思っていた。もし自分で作るなら「オイルと酢を○：○で入れ、しっかり泡だて器で攪拌して」作らなくてはいけないもの、という思い込み。味つけも複雑でむずかしそう……と。しかしあるとき友人が、目の前で刻んだ生野菜にごく適当にオイルをまわしがけ、酢をぴゃっぴゃっと振りかけ、手でわしわし和えてサラダを作ってくれたことがあった。食べてみたらこれがおいしい。しっかりドレッシングの味になっている。「こんなことでいいのか……」と軽く感動し、以来サラダ作りが実にラクになった。「生野菜になんらかのオイルを少々かけて、酢かレモンなどの柑橘と塩ちょい、しっかり和える」をぜひ一度試してみてほしい。適当にやってもそんなにひどい味にはならない。

個性的な香りの青菜が昔から好きだった。パクチーやミント、ディルにパセリなどのハーブはもちろん、先に挙げたような三つ葉、みょうがなどの日本の香り草に妙に惹かれる。脇役的に薬味として使うのもいいが、もっとドサッと使いたいのだ。

「鶏トマトそば」というレシピを以前に考えた。鶏ひき肉とトマトを出汁のベースにしつつ具にもして、醤油とセロリの葉で風味づけたスープを麺といただくもの。このスープ、三つ葉が実によく合う。作り方を次の頁に書いておくので、ぜひドサッと加えてみてほしい。ちなみに麺は「マルタイ棒ラーメン」を使うのがおすすめ。

みょうがもいろいろと使える野菜だ。私は夏にとうもろこしとズッキーニをよく炊き込みごはんにするのだけれど、仕上げに刻んだみょうがをたっぷり加えて混ぜ、塩ぱらりでいただく。合わせるのは冷や汁、きゅうりと豆腐でシンプルに作って、えごまの葉を散らすともうたまらない。豆苗なら鍋に使うのもいい。2人分で3パックぐらい用意して、刻んだお揚げさんと鶏か豚肉のシンプルな鍋にして楽しんでいる。

Tricks 21

香りの強いもの同士は意外に仲良し

材料（1人分）

鶏ひき肉（もも）… 100g
トマト … 1個
三つ葉 … ½束
セロリの葉 … 5〜6枚
好みの麺 … 1玉
水 … 400㎖
ごま油 … 小さじ½杯
A | 醤油、酒 … 各大さじ1と½杯
　 | 塩 … 小さじ½杯

作り方

1 鍋に水、鶏ひき肉を菜箸などでひと口大ぐらいに分けて入れ（ざっくりでよい）、中火にかける。沸騰したらアクを取る。

2 トマトを3〜4㎝大のざく切りにして、セロリの葉、**A**と共に鍋に加えて8分煮る。トマトの皮がはがれてきたら取り除く。

3 麺を袋の指示のとおりにゆでて、水気をよく切ってうつわに盛る。セロリの葉を鍋から取り除き、**2**を器に入れて、ごま油をまわしかけ、刻んだ三つ葉をのせる。

鶏トマトそば

香りを楽しむサラダ

材料（2人分）

豆苗 … 1パック　三つ葉 … 1束
えごまの葉（大葉でも） … 5～6枚
オリーブ油 … 大さじ½杯
レモン汁 … ½個分
塩、こしょう … 適量

作り方

1 豆苗、三つ葉は食べやすい長さに切る。えごまの葉は食べやすい大きさにちぎる。
2 ボウルに**1**を入れ、手でよく混ぜ合わせる。オリーブ油、レモン汁を加え、さらによく和え、塩、こしょうをする。

Chapter

3

台所仕事は作って食べてだけじゃない

私のキッチン、私の居場所。といっても使いやすくあれこれと配置してくれているのは、すべてつれあい。インテリアセンスが抜群の人なので、とてもありがたいのです。

Tips 22

「家庭生活を形成するための条件」に優劣はない

ああ、そろそろお米が切れるな、トイレットペーパーも買っておかなきゃ……と数日前から思っていたのに、延ばし延ばしにして数日。とうとう切れたという日は冷たい雨の日だった。心はどんより鉛色。でもしょうがない、仕事もあるし、午後には宅配便も来るから今のうち行っておかないと。

よいしょっと踏ん切りをつけて買いものに出る。スーパーとドラッグストアをはしごして、ついでにほかの食材や日用品も買って、両手に大きな袋を下げて帰宅。

ここからがいわゆる「名前のない家事」の連続となる。

まず冷凍品を先に冷凍庫へ。生鮮品の一部はレジ係の方がビニール袋に入れてくれることもあり（肉や魚介などの汁気が漏れないようにするため）、それらのビニール袋から出して冷蔵庫へ。生ものは目につく手前のほうに置きたいが、どうにも場所がないのをなんとか入れる。先のビニール袋はまとめて捨てるなり再利用するなり。ほうれん草などの青菜、私は20分ぐらい冷水に浸けてから水気を切って野菜室へしまう（そのほうが鮮度が保たれる）。一部の食品、またトイレットペーパーやティッシュなど、個包装を取るものは取って、しかるべき場所へしまって、出たごみを分別して捨てて、ショッピングバッグをたたんでしまって、買いものがようやく終了となる。

「おつかい」なら買ってくるだけで終わるが、日常の買いものとは「家を出るタイミングの決定」から「帰宅してそれぞれをしまって片づける」までの、わりと長い作業だ。

ああ、疲れた……と腰をおろす。

ふと見れば、買いものに出る前となんら変わらない世界がある。朝と今とで、表面上は何ひとつ変わらない。しかし冷蔵庫には新しい食材が満ちて、トイレの棚にはペーパーが補充され、ごみ箱の中身は増えた。

私はずっと、この違いに気づかずに生きてきたのだ。

つい最近、知人男性と話していた。

「うちのはホント、何もしないんですよ。料理もあんまりしないし掃除も嫌いで、整理も苦手で」

日本人特有の謙虚さなのかもしれない。つれあいを低くいうことが角の立たない良い会話術、と思っているのかもしれない。さほど深い仲でもないので聞き流していたが、ちょっと訊いてみた。

「でもさ、トイレットペーパーとかシャンプーとか、あるいは歯磨き粉とか、そういうの切れてたりする？」

「いや……そういうことは、ないかな。ないですね」

「補充って結構、面倒なんだよ。生活必需品が切れてないって、ありがたいことだよ」

「いやーでもそのぐらい、大したことないじゃないっすか」

そう、「日常生活における補充、買い足し」って「大したこと」とは思われない。一度きり補充するだけならそりゃラクだ。けれど日常という連続性の中の補充は違う。切れかかっていることに気づいたとき、なんだかちょっと心は重くなる。また買うのか、もうないのか、この間買ったばかりに思えるのに……。

そして「買うの忘れないようにしなきゃ」と思うこと自体も少々面倒くさい。そういう思いが心に降り積もる中、買いものに出て、帰ってきて、個包装なりを解いて、補充して、出たごみを捨てて……という毎日を繰り返しているわけである。日用品に限らず、卵も、麦茶も、食用油も何もかも。

なんてことを説明したら
「やっぱりそれ、ちっちぇことですよ」
と笑われるのかもしれない。だが「家庭生活を形成するための条件」に優劣はないのだ。
誰かと暮らすならば、お互いがこれを理解すること、理解しようと努めることが、良好な関係を築くうえで不可欠だと思う。

人はどうしても、すべてに優劣や順位を無意識のうちにつけてしまいがちである。家庭生活に関しては、「稼ぐこと」が何より大変で、「えらいこと」……なんて考える人は、さすがにこの現代少なくなってきていると思いたいが、大事なのは家事に関して「誰でも出来るようなこと」「大したことじゃない」と考えてしまわないことだ。これは男女およびジェンダー問わず、経験したことがないとそう断じてしまいやすいことなのである。
そういう気持ちが少しでもあると、やっている人のことも「大したことをしていない人」と考えてしまうようになる。
そして家事がしんどい、つらいとSOSを発している人に対して「大したことをしてないのに疲れただなんて、甘えだ、わがままだ」と思うようにもなってしまう。

人間、「無い」ことには気づけても「無くなってない」ことにはなかなか気づけないものだ。たとえばボディシャンプーやハンドソープ、あるいは冷蔵庫の麦茶が切れかかっていることには気づけても、補充されているとき、つまりは「無くなっていない」ときに「補充してくれたんだな」と気づけるだろうか。

部屋が散らかっていることに気づくのではなく、散らかっていないときに「片づけてくれているから、散らかっていない」と思えるかどうか。共同生活をお互い快く営んでいくうえでは、そういうことが肝要に思える。

朝に仕事へ出かけて、夜に帰宅するそのとき、目に入る世界は何ひとつ変わらないように思えても、どこかしらが変わっている。

家事というのはそのひとつひとつだけを見ると、たしかに「誰でもできるようなこと」かもしれない。だがもし、あなたに専業として家事をやってくれている人がいるとしたら、その「誰でもできるようなこと」をやるために「その人しかできないことをやれたかもしれない可能性と時間」を無にして、あなたの生活に入ってくれているわけである。

世の中のいろいろな仕事に関しては「想像もつかないけれど、仕事それぞれにそれなりの大変さがあるのだろう」と考えられる人はわりにいると思う。

家事についても同じように、思えるかどうか。

現代は共働きが多く、誰かに家事を任せっぱなしにするような時代でもないけれど、誰かと暮らして共同生活を営むということは、まず「家庭生活を形成するための条件に優劣はない」と本気で理解するところからはじまるように私は思う。

Tricks 22

「大したことない」ように見える小さなことが暮らしを支えている

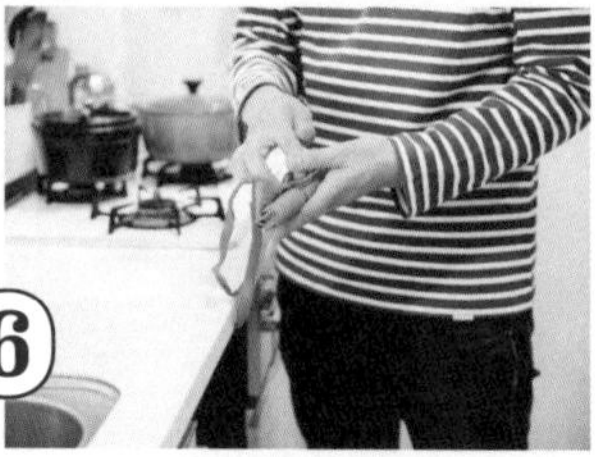

6

ショッピングバッグをたたみ、
明日もまた買いもの。

1

買ってきたものをショッピング
バッグから出す。冷凍品は先に
冷凍庫へ。

2

食材の買いものから帰った後も、「名前のない家事」が続く。ひとつひとつは些細に見えるが、そのときしておかなければ、のちに不便を感じることばかり。家の中に限らず、少しの不便さも感じずに過ごせるときは、きっと誰かがその快適さを作るためにひと手間かけてくれている。

青菜は冷水に浸けてから、
水気を切って冷蔵庫へ。

⑤

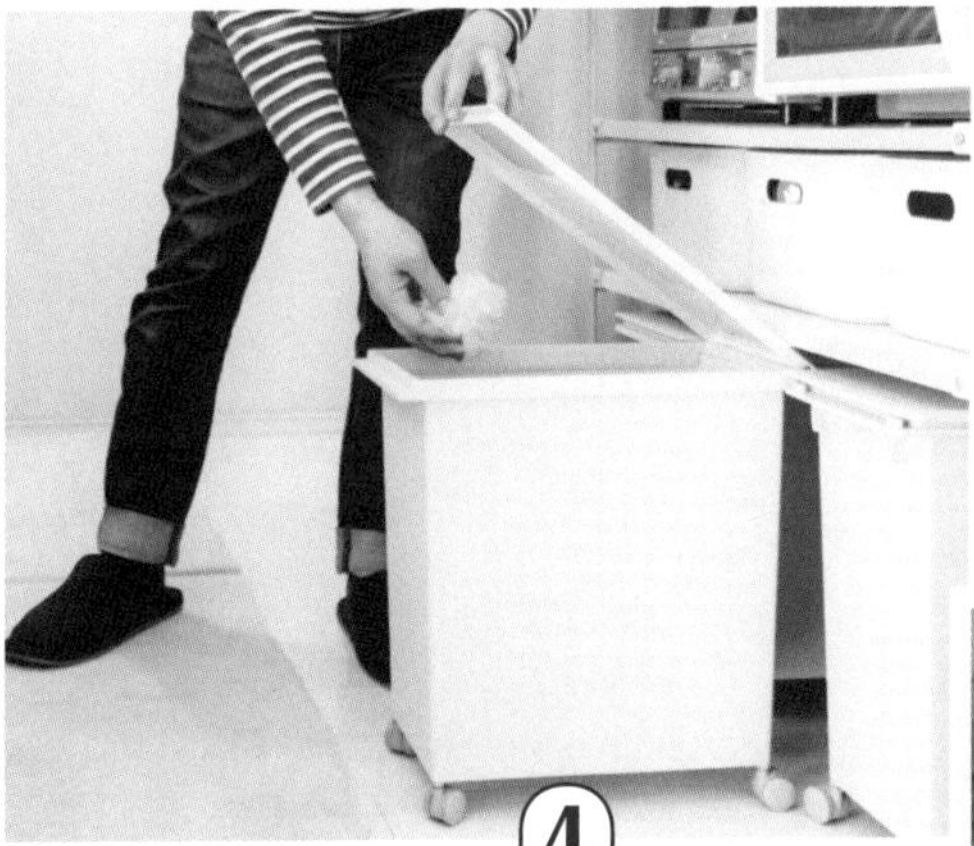

④

袋や包装は分別してごみ箱へ。

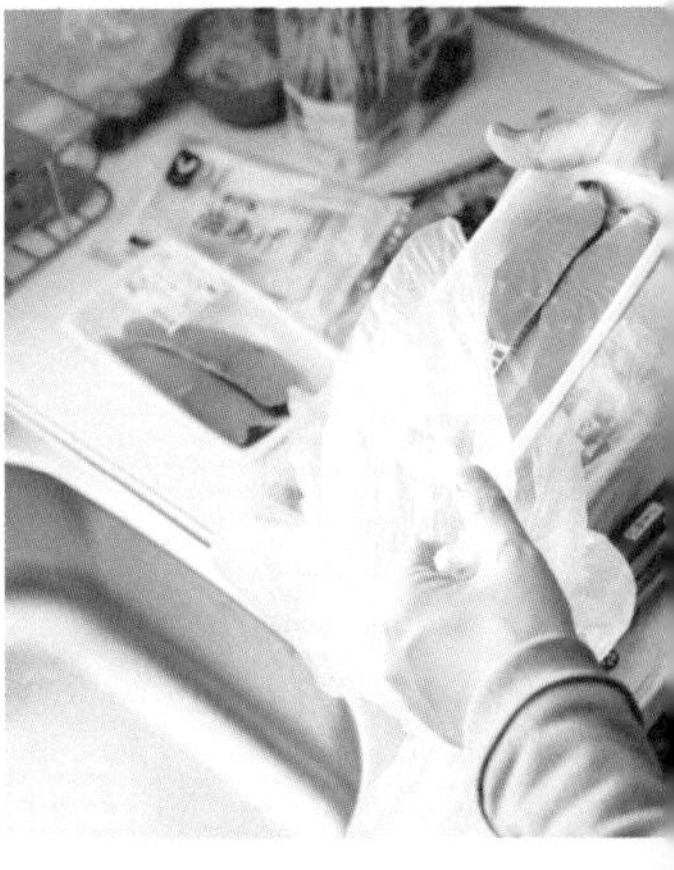

③

使いやすく、冷蔵庫にしまう。

個包装など、取るものは取る。

23 Tips

「〇〇さえあれば」の共通認識《コンセンサス》が安心感に

近所にとてもおいしいキムチを手作りされている「S」というお店があり、いっぺんでファンになった。ここの白菜キムチに、日々の食生活でかなり助けられている。食関係の常備品ってあまりないのだけれど、Sさんとこのキムチは切らさない。料理が億劫なときなど、主菜はさばの味噌煮缶でも開けて、ごはんに味噌汁、そして副菜にキムチだけでもかなりの満足度だ。

「あのキムチが冷蔵庫にある」という事実がくれる安心感がありがたい。私が忙しいときなど、つれあいも「あのキムチあるんでしょ、じゃあ何かと適当に食べとくよ」なんて言う。「あのキムチさえあれば」というコンセンサスが取れていることもまた、暮らしの安心感。キムチをときにかつおやぶり、たこなど、そのとき手頃なお刺身と和える。仕上げにちょっとごま油をたらせば、それだけでいいおかずやつまみにもなる。刻んだねぎやみょうがと一緒に豆腐にのせてもいいし、豚しゃぶとかいわれ菜なんかと一緒に食べてもおいしい。

キムチは1週間ぐらい経つと発酵が進んで酸味が増してくる。この状態のキムチを鍋に加えるともう抜群なのだ。白菜から出た水気はそれだけで絶品の調味料、捨てずに必ず鍋に加える。お店で食べるようなチゲが家でもいただける（私のチゲのレシピは次の頁にて詳しくお伝えします）。

酸っぱくなったキムチを手軽に楽しむなら、味噌汁にちょっと加えるのもいい。豚汁やあさりの味噌汁なんかに加えればもう簡易チゲの出来あがり。レトルトの味噌汁でもOK。最後にごま油を数滴たらすと、しっかり手作りしたみたいな味になるので、試してみてほしい。

「○○さえあれば」というものをいくつか見つけておくと、食生活の安心感はグンと増す。何も作りたくないとき、作れないとき、おかずやメインになって、腹と心を満たしてくれるもの。私は気に入った味のレトルトカレー、レトルトスープ、冷凍うどん（チンして卵を落としてめんつゆ、これだけでかなりおいしい）は切らさないようにしている。

ちなみにSさんのキムチは通販対応されておらず、ご紹介できない。ごめんなさい。

Tricks 23

我が家の場合は、このキムチ！

私はSさんのキムチはいつもふたつ買っている。ひとつは浅漬けでそのままいただき、もうひとつは冷蔵庫で2週間ぐらい寝かせてしっかり発酵させ、料理用として使うのだ。それだけで煮もの、汁ものの味つけの決め手となる。あ、キムチを買うときはご注意を。キムチ風味の発酵しないものも売られているから。韓国産のものを選ぶといいだろう。

材料（1～2人分）

キムチ … 80g
豆腐 … 180g
えのき … 100g
油揚げ … 1枚
卵 … 1個
水 … 600mℓ

A | コチュジャン … 大さじ1杯
酒、醤油 … 各大さじ1杯

こしょう、ごま油、青ねぎ … 好みで適量

作り方

1 えのきは石突きを除いて長さ半分に切り、ほぐしておく。油揚げは短冊切りにする。

2 鍋に**1**、キムチ、手で適当な大きさにくずした豆腐、水、**A**を入れ、中火にかける。沸いたらアクを取りつつ7分煮る。卵を入れて好みのかたさに加熱し、こしょう、ごま油を少々加え、刻んだねぎを散らす。

キムチチゲ

24 Tips

「食べる人」は何を考えて、どう動く?

作り立てを食べてほしい——誰かのために料理をしたなら、そう思うのは自然な感情じゃないだろうか。料理をまったくしない人だって、想像には難くないことだろう。

あるとき、料理研究家の冨田ただすけさん宅を取材で訪ねた。そう、「白ごはん.com」でおなじみの、あの冨田さんである。たまたま妻の泰子さんも同席してくださったのだが、そのとき教えてくれたことが忘れられない。

「彼が家のごはんを作るときはいつも、あと5分で出来あがりまーす、って声がかかるんです。そうすると私と娘でテーブルを片づけて、箸を出して、席に着く。作り立てを食べてほしいという圧がすごいんです(笑)。そうしないとすごく残念そうだから、出来たらすぐ食べてほしいという期待は裏切れないね、って」

ああ、いいご家族だなあ……と感じ入った。

食べる側が作る人の思いを受け止め、すぐ食べられるように食卓をセットして、いただく。作り手と受け手の理想的な形に思える。

自分で料理するようになると、食べる側のありよう、というか「こう動いてほしい」というものが見えてくる。共同生活を円滑にするためには知っておいて損はないと思うので、書き出してみたい。

①ごはんが出来たら、箸、小皿、飲みものなど必要なものを用意する

作る側は、作ったものを「出すだけ」ですむ、ということ。これはかなりありがたいし、うれしいものだ。そもそも根本的に、ごはん作りの人は「ごはんを用意すること」を担当しているのであって、それ以外で各自が必要なことは自身でやればいいのである。

②食べ終わったら、流しに運んで、お皿をサッと水で流しておく

米をよそった器など特にそうだが、水でぬらしておくと後の洗いやすさが全然違う。油汚れのある食器をなるべく重ねない、などポイントもいろいろ。いつもやっている人にどうすべきか聞いてみるといい。

Tricks 24

「してもらう」側のあなたへ

いきなりだけど、知り合いの編集者の話。パートナーが病気になられて入院され、2週間ほど小さい子どもたちの世話をしなくてはならなくなった。慣れないながら頑張ったごはん作り。さあ食べようとなってもなかなか食卓についてくれず、食べはじめてもテレビに夢中になったり、ゲームをしたがったり。おかずがどんどん冷めていく。「そのときのがっかり感やイライラ、忘れられません。作ってもらう側として同じシチュエーションを共有していたときは分からなかった」と。

一緒の食卓にいても見えているものが全然違うこともある。ごくごく基本的なことばかりで「言われなくても分かってるよ」という人がほとんどだろうけど、よりよい関係を築くためにも、ときに逆の立場を考えてみませんか。

①

箸、小皿、飲みものなど必要なものを用意する

②

食べ終わったら、流しに運んで、
お皿をサッと水で流しておく

③

洗いものも積極的に行い、
乾かして片づけまでができるようになっておく

③ 洗いものも積極的に行い、乾かして片づけまでができるようになっておく

洗いものぐらい誰だってできると思いがちだが、洗って、乾かして、それぞれをどこにしまうのかまで分かっていて、「洗いものができる」ということだと私は思う。一緒に暮らす人がそこまで出来るようになっていると、いざというときにいろいろとスムーズなものだ。

強調しておきたいのは、「誰かと暮らすなら必ずこうすべき」という意見ではないということ。家のありよう、暮らしの形は人それぞれ、「別に気にならない」「やってほしいと思わない」「私はすべてをやってあげたい」と思う人もいるだろう。そういう人と「私は家事をやりたくないので、担ってくれる人と暮らしたい」という考えの人とが結びついたのなら、なんの問題もないわけだし。

ただ私は、男女とか年齢差とか関係なく、共に暮らすならば家事におけるだいたいのことは自分自身で行える、まかなえるというのが社会的な感覚として「常識」になってほし

いと願う。そうなると、共に暮らし合う同士、出来ないときは支え合う、補い合うがラクにスムーズにいくようになるから。

「料理してもらったのなら箸を出す」「食べ終わったら洗う」が大事というよりも、「料理はしてもらってるから、ほかに何をしておけば相手がラクだろうか？」みたいに考える習慣づけが大事なのだと思う。

こういった考え方、家の外では出来ている人が多いはずなんである。先輩や友人、バイト仲間、上司などと動くときは「相手の行動」を見て、こちらはどう動けば相手がラクか、全体がよりスムーズになるかと考えること、していないだろうか。それが家族やパートナー相手だと、途端にしなくなってしまうのはなぜだろう。

いつもお疲れさま、とたまに肩をもむとか、好きな花を買ってくるとか、「きょうは何もしなくていいよ」と休んでもらうのも思いやりや感謝の表し方とは思うけれど、それより毎回自分で箸を出す、あたたかいうちにいただく、を習慣づけてくれたほうがよほどうれしい、ありがたい、という人は、世の中にかなり多いと私は感じている。

25 Tips

効率だけ考えられたらラクだけど人間生活そうもいかない

ある日のこと、ツイッターのトレンドワードに「梅干し離れ」というのがあった。記事に飛んでみれば、ここ20年で消費量が約4割減っており、特に若い人が梅干しから離れているとある。若者に限らず、梅干しなどの漬けもの類を日常的に食べる人は年々少数派になっている。日本各地に残る魅力的な漬けもの、そして良心的な生産者さんのことを思い出し、つらくなってしまう……のと同時に、すっかり口の中に唾が溜まってしまった。梅の味を体がむずむずと欲してくる。そうだ、せめてもの梅消費に今夜はいわしの梅煮にしよう。

献立決めというのは決まらないときは本当に決まらず悩ましいものだが、こんなふうにサクッと決まる日もある。ツイッターに小さく感謝。

買いものに出れば、背の青々とした鮮度のよいいわしが4匹で280円。長いこと、いわしの値段は総じて手頃に落ち着いていて実にありがたい（もちろん、相場はいつ変わるか分からないけれど）。

頭とはらわた（内臓のこと）を取り除いてから煮る。この作業が嫌い、あるいは生ごみを出したくないので生魚はあまり使わないという人も多いのだが、うちの近所のスーパーだと頼めばやってくれる。これまた、ありがたい。だが鮮魚コーナーに人がいればの話だ。夕方にもなると専門スタッフさんは帰ってしまう。

スーパーマーケットというのは営業時間中、いつでも同じサービスを提供しているわけではない。日頃利用されていないと分からないことだと思うので、何度でも書いておきたい。生鮮食品やおそうざい、弁当などが豊富にあるのは、お昼から夕方にかけての利用者が一番多い時間帯だ。

18時も過ぎてくると生鮮食品たちもちょっと疲れた表情を見せてきて、人気のカット野菜などは品切れも目立ってくる。21時ぐらいになれば、弁当やおそうざいの棚は売り切れが目立ち、さびしい状況になるところも多い。

スーパー側からしたら売れ残りを少なくするのは当然のことだ。しかし帰宅が遅い人にとっては作れる料理の選択肢も狭まり、いろいろある中から食べたいものを選べる環境ではなくなる。

「24時間やってるスーパーもあるし、生鮮などの品ぞろえ豊富なコンビニも増えている。

忙しい人だって暮らしやすくなっている」というような声を聞くたび、話はそんなにシンプルじゃないんだよな、あまり遅い時間に買いものしたことないのでは……なんて思いも浮かんでしまう。

と、料理する手が止まってしまった。夕飯の支度だ。鍋底にいわしを敷きつめ、梅干し数個を加えて酒、みりんを同量ぐらい、醤油少々でことこと煮る。梅干しの塩気があるので、醤油は香りづけ程度でいい。煮ているうち、梅の香りが漂ってきて食欲を刺激してくる。好きなメニューのひとつだ。

私は料理が好きで食べることも好きだが、何より「その日の気分と相談して料理すること」が好きなんである。いわしの梅煮が食べたいなと思ったらスーパーに行って、それなりの質のものが、自分の買える範囲内で売られていたら献立が決定。ここまでの流れがスムーズに行く日はとても幸せな日である。

だから買いおきや作りおきが私は得意でない。その日食べたいものが浮かんでしまったときの「足かせ」になってしまうから。

もちろん毎回きっちり食べ切る量だけ作れるわけもなく、作りおきがあればあったで助けられることも多々あるけれど、「○○が作りたいな、でも冷蔵庫にある◇◇を先に食べてしまわなきゃ……」と思うとき、ちょっとどんよりとしたものが心に漂ってしまうのだ。些細なことに思われるかもだが、私にとっては結構な生活の不穏要素なのである。

「1週間分の賢い作りおき術！」「1週間はこれでOK！　使いまわしレシピ」みたいな企画も人気だけれど、私はなかなかそう賢くなれない。

心に浮かんだものを作るというのは私にとってストレス解消術でもあり、一種の気晴らしにもなっている。あるいは買いものに行って「いわしの梅煮気分だったけど、ぶりがぴっかぴかで、脂がのってて、いいじゃないの……」なんて出合いがあったときは小さくわくわく、気持ちが弾む。ちょっとした幸せなハプニングだ。予期せぬ出合いを期待して買いものに行く部分もある。

だから、便利だとは分かっていてもネットスーパーを使う気になれない。実際にものを見て選びたい。そうできる時間や体力がある限りは、出向きたい。

「家事がしんどいという人もいますけど、労力カットをもっと考えなおしてみたら？　買いものが体力的にしんどいなら、今はネット注文がいくらでも出来るし、受け取りの方法も増えてるじゃないですか」なんて意見をよく耳にする。効率だけを考えられたらそりゃラクなのだけれど、人間生活はそうもいかないのだ。

Tricks 25

私のよくやる梅干し利用法

取材で各地に行くと、道の駅に必ず立ち寄る。地元の野菜などと一緒によく買うのがお漬けものだ。

昔ながらの手作り梅干しが手頃な値段で売られていることも多く、ついつい買ってしまう。常温で持ち運べて軽いのもうれしい。梅干しもこのごろは塩気をごく抑えたもの、甘みをきかせたものもあるが、私は塩分15%前後ぐらいの、塩気と酸味のしっかりしたものを選ぶ。料理に使うならこういうもののほうが向いている。

お手軽梅煮うどん

材料（1人分）

梅干し（塩分15%程度のもの）… 1個
とろろ昆布 … 6g
うどん（表示のとおり加熱）… 1玉
水 … 400mℓ
三つ葉、青ねぎ … 好みで適量
出汁醤油 … 大さじ1と½杯

作り方

1. 鍋に水と梅干しを入れて中火にかけ、梅干しを菜箸などで2～3回刺す。沸騰したら弱火にして5分煮る。
2. うどんを器に入れて**1**を注ぎ、とろろ昆布、刻んだ三つ葉などをのせ、出汁醤油をかける。

梅干しをお湯で煮て、ゆでておいたうどんにかけ、たっぷりのとろろ昆布と出汁醤油を加え、三つ葉などを添えたものをたまに作る。冷凍うどんを使うとあっという間に出来るので、小腹が空いたときにいい。梅干しの酸味がほのかに香るお汁がさっぱりとして、夏場の蒸し暑いときなど、食欲のあまりないときにも活躍してくれる。

また二日酔いの朝によーく作るのが、梅干しを濃いめの出汁で煮た「梅湯」だ。体にすっとなじんで、胃のむかつきや気持ち悪さが落ち着く。お酒好きの方は梅干し常備、おすすめですよ。

梅湯

材料（1人分）

梅干し（塩分 15% 程度のもの）… 1個
濃いめの出汁 … 200mℓ

作り方

1 出汁を火にかけて熱々にしておき、梅干しを入れた耐熱容器に注ぐ。
2 箸などで梅干しを2～3回刺した後、ラップなどでフタをして3分おく。

26 Tips

ひとり抱えがちなフードロスの罪悪感は

「言いにくいことなんだけどね……」

友人の料理家がある日、独り言のように語りはじめた。

「食べものを粗末にするのはそりゃあっちゃならないこと。だけど、家で毎日料理していて、絶対に食材を無駄にしないって、出来るのかな。みんな何かしら使い切れず、食べ切れず、申し訳ない気持ちになりながら、こそっと捨てて生きてるんじゃないのか、ってよく思うんだよね」

ああ、こういう話をシェアできる友人はありがたいな、と思いつつ聞いていた。料理教室の生徒さんが食材をうまく使い切れず、何かしらを無駄にしてしまいがちで、悩んでいるのだという。

「みんな多少なりやってることだと思うよ、とは伝えるんだけどね。そんなに気にしないでって、大っぴらには言いにくいし」

あるときなぜかショッピングバッグから牛乳を取り出すのだけ忘れてしまい、気づいたら翌日だったことがある。見つけてしばらく、硬直してしまった。排水溝に流すときの後ろめたさはまだ心に残っている。あの時間の妙な長さ。その日の午後、取材で出かけたとき電車の対面に座った人のバッグが牛柄だったのには、まいった。

冷蔵庫の上の段は腐りにくいもの、瓶詰、飲料缶など。足の早いもの、明後日ぐらいまでに食べ切りたいものは冷蔵庫のすぐ目につくところ、保存容器は必ず透明で中身が見えやすいものを選ぶ……工夫はしているけれど、たまに私も食材や料理を無駄にしてしまう。

気づいたとき、私の中の自分が白い目で私をにらんでくる。匂いを嗅いで大丈夫とは思っても作った日付を思い出して考えるときのあの微妙な気持ち。捨てる決心をするときの心の「よいしょ」という踏ん切り。生ごみ用のケースのフタを閉めるときの、小さな声が聞こえるような感じ。いやなものだ。料理する日々の折々で生じる、罪悪感。

先の友人が言っていた「大っぴらには言いにくい」というのがまさにそれだが、しょうがないのだ。フードロスを肯定しちゃいけないけれど、なるべくミスとロスを少なくするよう努めていくしかない。「またやっちゃった……」というときは自分の迂闊さを恥じつつ、悪くしてしまった料理に詫びつつ、それでも作っていくしかない。大事なのは、無駄にすることに慣れてしまわないこと。

Tricks **26**

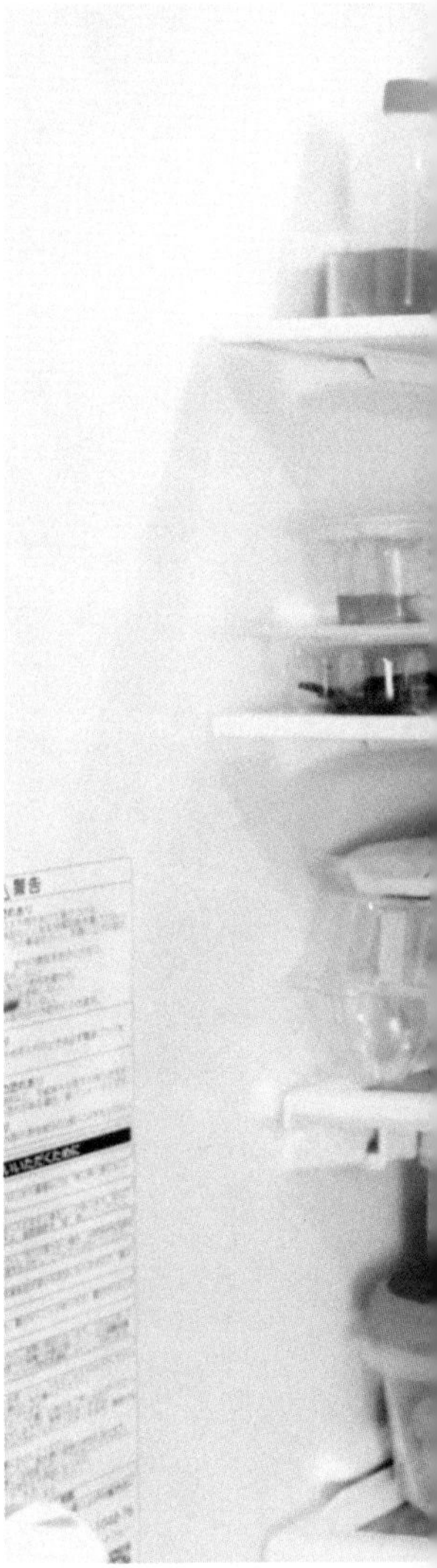

私なりの冷蔵庫の使い方

とにかく私はうっかりでぼんやり、粗忽者なんである。冷蔵庫が「○○をそろそろ食べましょう」「冷凍庫の豚肉、もうじき2か月が経ちます」などと教えてくれたらどんなにいいだろうと何度思ったか。そうは言っても他力本願ではしょうがない。私なりに冷蔵庫は住み分けを考えて使っている。

一番上の棚はジャムやアンチョビ、ペースト調味料などの瓶ものを置いている。つまりは賞味期間が長いもの。2段目は漬けものや、きんぴらなどしっかり加熱したおかずや塩気の強いもの。3段目は汁もの、煮ものなど3~4日以内に食べ切りたいもの。一番、目に入りやすい4段目は生肉や生魚など、1~2日以内に使わなければいけないもの。チルドルームは肉や魚介を入れたほうがいいのは分かっているのだけれど、目に入りにくい分どうしても私は忘れがちなので、味噌やドリンク、チーズなどを入れている。すぐ使うか判断が微妙なもので冷凍できるものは、すぐ冷凍してしまうが吉。

27 Tips

「安心のたね」の冷凍術

料理好きの冷凍庫にはその人の「安心のたね」が詰まっている。いざというときに助けてくれるもの、補ってくれるもの、手間を省いてくれるもの。まとめ買いして、まとめて作って、冷凍しておきたいもの。気分と旬によってあれこれ買ってしまう生鮮品よりも、その人の食生活パターンや「味の歴史」を表すものが冷凍庫にはギュッと詰まっていると思う。

たとえば私の場合。主食部門から言えば冷凍うどん、冷凍蕎麦は切らさない。どちらもあれこれ試してたどり着いたもので、少なくなってくると不安になる。冷凍ごはんもあるに越したことはないが、スペースの問題もあるし、ごはんを炊くということが「乾麺からゆでる」という行為に比べて私は面倒でないので、優先順位は低い。

副菜的な部門でいえば、きのこ、練りもの（なると、ちくわ、さつま揚げ）、刻んでおいた油揚げ、冷凍ほうれん草である。この4種から何かしらをおつゆに放り込んで、先のうどんか蕎麦をチンしたのにかければ1食になる。フレッシュな香りも加えたいので、三つ葉か青ねぎでも刻んでちょっとのせれば満足感はかなりのものだ。

あったかいうどんや蕎麦が好きで、手間をかけられないことも多い私の生活から、これらのストックセレクトが出来あがっていった。パスタが好きな人なら自分の好きなパスタソースをまとめて作って冷凍しているかもだし、パン好き、甘いもの好きな人の冷凍庫はまた全然違うストックがあるだろう。

チンすれば1食になる冷凍食品にもいろいろお気に入りはあるが、スペース的に余裕がなく、あまり置けないのがくやしい。冷凍庫がもっと大きかったら、常備したいのは中華まん。朝ごはんや小腹が空いたときにかなり活躍してくれる。もっと置き方を工夫してみよう。

私は長らくひとり暮らしで、学生時代から使っていた小さな冷蔵庫をずっと使っていたが、あるとき思い切ってファミリータイプにした。電気代はそれなりに上がったが、生活快適度は格段に増して「なぜもっと早く買わなかった……!」と悔やんだ。冷凍ストックできる食材が増えると心の余裕は段違い。ひとり暮らし用はアイスノンと氷置き場だけでかなりのスペースを取られてしまう。日常的に自炊される方、料理好きの方はファミリータイプ、おすすめ。

Tricks 27

たどり着いた私の定番冷凍ストック

主食――冷凍の蕎麦とうどんを3～5食分ずつ常備。蕎麦は「信越明星」というメーカーの「信州ざるそば」があれば選んでいる。流水解凍できるのでとてもラク。うどんは太麺ならテーブルマークの「本場さぬきうどん 丹念仕込み」、細麺は各社のをそのとき買いやすいもので。ごはんの冷凍は2食分ぐらいを常備。

タンパク質系――常備しているのはまず、練りもの類。かまぼこ、ちくわ、なるとのどれかは必ず。蕎麦やうどんに加えるほか、刻んで焼きめしに加えたり、ねぎと玉子とじにして丼にしたり。

次に欠かさないのはしらす。パスタに加えたりピッツァにのせたり（57頁）。トマトソースやにんにくオイルによく合う。ソーセージやベーコンの類も安いときに買って冷凍しておくと、何かとコク出しに便利。キャベツや白菜とポトフやミルク煮にしてもいいし、おでんや煮もの、なんなら味噌汁に加えてもおいしい。

ビタミンや食物繊維系――切らさないのはきのこ。ぶなしめじ、まいたけ、エリンギをほぐしてミックスしジッパー付き保存袋へ。炒めもの、煮もの、味噌汁などそのままインできる。えのきはすぐ火が入るので単独で冷凍。市販の冷凍ほうれん草やおくら、いんげんもよく利用している。冷凍野菜でも栄養は取れますよ！

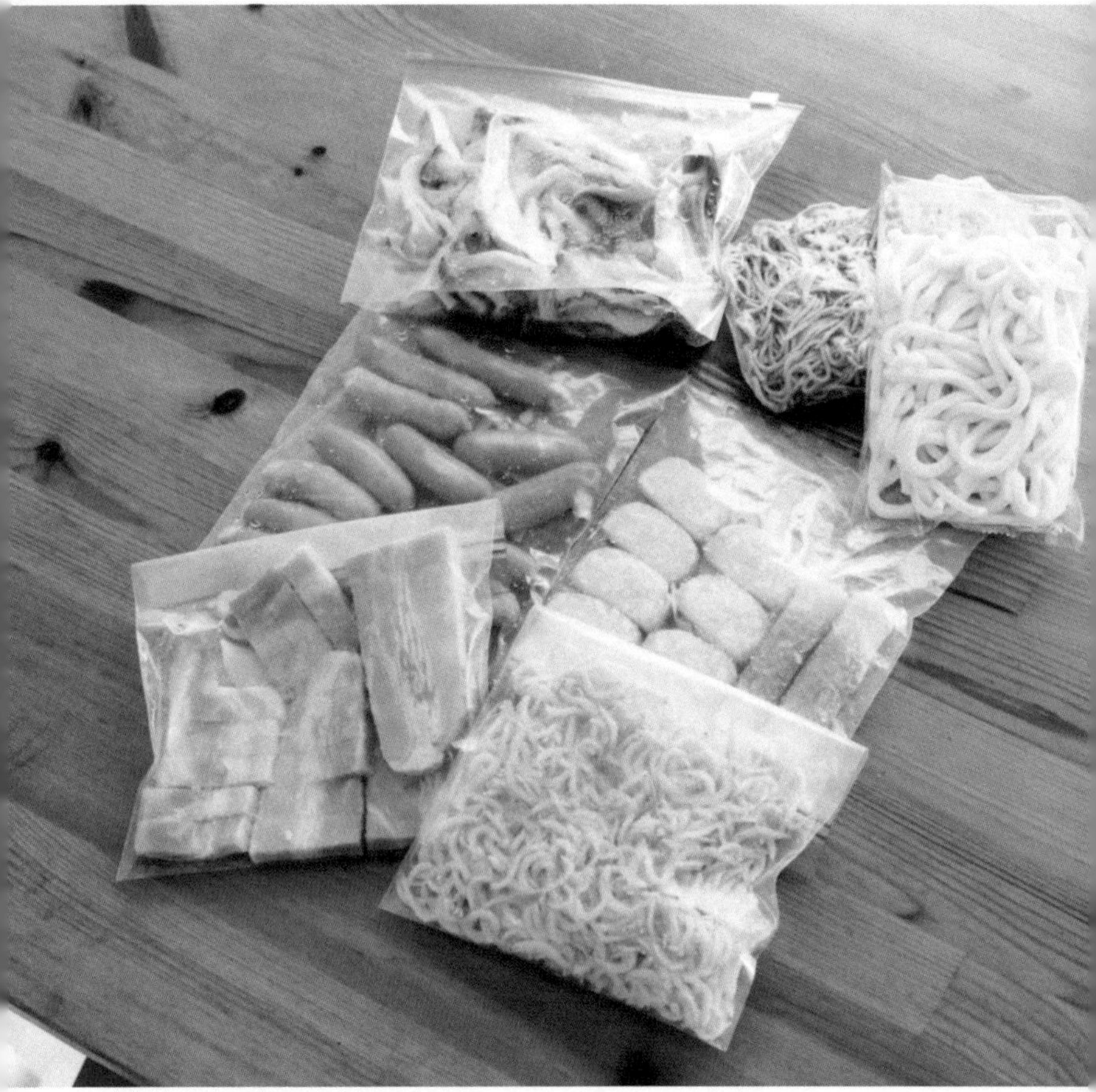

撮影日ちょうど切らしていたけれど、油揚げ（大好物）も冷凍常備している。すぐ味噌汁に入れられるよう細かく刻んだものと、半分に切っただけの２種で。ベーコンも大ぶりに切ったのと、細かめの２種で冷凍。用途に合わせて使いやすい。ちくわや油揚げなど、使うときはサッと水にぬらして２～３分おくと切りやすくなる。それぞれ早く使うのが理想的だが、私は２か月間ぐらい冷凍して使っている。

28 Tips

〝ずっとおんなじ〟の価値

仕事柄、多くの料理研究家さんを取材してきた。ライターが料理研究家さんを訪ねる場合というのは、雑誌やウェブ記事の料理特集でいくつかのレシピを教わり、大事なポイントを聞いて終わりというのがほとんどだと思う。

だが私は彼らがなぜ料理に興味を持つようになったのか、仕事とするまでに至ったのかという点を知りたいという気持ちが強い。だから調理の合間や待ち時間などに、そういう話をよくうかがっている。

「親（あるいは祖父母など）が大の料理好きだった」というケースは多い。小さい頃からいろんな味との出合いがあり、『きょうの料理』や『暮しの手帖』などの雑誌を定期的に買うような親御さんで、自然と知識や調理経験を身につけていった……というような。

逆に「うちの親はまーったく料理なんかに関心はなかったんです」という料理研究家さんもいる。こういう方も決して少なくない。ある先生など（仮にXさんとする）、「私の親は一度大鍋に煮ものを作ったら、平気で4日ぐらい出す人でしたよ。おかずはもうそれだけでずっとおんなじ。だから私はおいしいもの、知らない料理への憧れがつのったんです」と教えてくれた。テレビに出てくるような料理を食べてみたい……という思いがパンパンに溜まって、自分で作ってみよう、習いに行こうと思われたのだそうな。話を聞いて私は妙に感じ入ってしまった。親御さんの「うちはこう」「私はこう」を貫く意志の強さのようなものに。

なかなか人間、そうは出来ない。「作ったものを家族が食べない」「好物にしか手をつけてくれない」と悩む人は多い。非常に多い。好きなものを作ってあげたい、飽きないように毎日の料理を工夫してあげたい、と作り手が思うのは貴《とうと》いことだけれど、家族がそれを当然と思ってしまうのはいけないことだと私は思う。「家庭料理を作る人＝自分好みの味を用意してくれる人」と間違って認識している人のなんと多いことか。

Xさんの親御さんは「作ってもらったものを食べる。文句があるなら自分で作る」という当然のことを教えるのに成功した、ともいえるのではないだろうか。Xさんは口をとがらせて「ずっとおんなじおかずの話」を教えてくれたけれど、口調はどこか懐かしそうだった。

もう他界されてしまったという親御さんの、いつもの煮もの。また食べたいですかと尋ねてみたら、質問が終わらないうちに「食べたい」という言葉が返ってきた。

Tricks 28

味を継ぐということ

我が家の場合の〝ずっとおんなじ〟といえばなんだろう……と考えて、すぐ思い出されたのがお雑煮だった。毎年のお決まりで出てきたお雑煮が「変わらない親の味」として私の心に強く在る。

めずらしいお雑煮なんである。根菜類をたっぷり刻んで出汁で煮て、酒、みりん、醤油でおすまし風に味つけ。ここからがユニーク、くるみをすって、先のおすましのおつゆでドロッとした感じにのばしておく。焼いた角餅と汁をお椀に入れ、くるみだれをかければ完成だ。コク深くて、似たようなおいしさを私はほかに知らない。たっぷりのくるみをすりつぶすのは私ら孫連中の仕事だったこと、懐かしく思い出す。

二十代後半のあるとき、帰省して母に作り方を教わった。「みりんはちょっと」「お醤油はどばっと」なんて大雑把なレクチャーだったけれど、なんとなくつかめた。

いつかは親もいなくなってしまう。縁起でもないとは思いつつ、自分ひとりでも作れるようになっておかなくては……と、当時の私は焦りにも似た気持ちが急に芽生え、教えてくださいと頼んだのだった。好きだから、ずっとこの先も食べていきたいと思ったから。

くるみだれのお雑煮はつれあいも気に入ってくれて、「お正月の楽しみや」なんて言ってくれる。祖父母と食べた味を、親から継げた味を、私に一番近しい人が喜んでくれる。みんなで卓を囲んでいるような気持ちになる。

みなさんも習っておきたい味があったら機会をどうか逃さないで、と願わずにおれない。まだまだと思っていても突然「そのとき」はやってくる。聞かぬは一生の悔い、なんてこともあるから。

くるみだれのお雑煮

材料（作りやすい分量）

里芋 … 200g
大根 … 150g
にんじん … 50g
かまぼこ … 50g
かつおと昆布の出汁 … 700mℓ
醤油 … 大さじ２杯
酒 … 大さじ２杯
みりん … 大さじ１杯
塩 … 少々
くるみ（無塩ロースト）… 80g
餅 … 適量

作り方

1 大根とにんじんは３〜４㎜幅のいちょう切りにし、里芋、かまぼこは小さめのひと口大に切る。

2 鍋に**1**を入れて出汁で煮て、醤油、酒、みりんを加えて一度沸かし、味見をして塩でととのえる。

3 くるみをすり鉢ですり、**2**のおつゆを適量加えてドロッとした感じにのばしておく。餅を好みの加減に焼く。

4 お椀に**2**、餅を入れて**3**のくるみだれをかける。

29 Tips

お習字の練習のように人のレシピをなぞるときもある

なんでもそうだけれど、慣れてくるといいことも悪いことも生じてくる。いいところとしては、概要をつかみやすくなる点だろうか。料理なら「このレシピにおいて大事なポイントはどこか」が見抜けるようになって、レシピの骨格がつかみやすくなるというか。

悪いところとしては、自己流に陥りやすくもなる。「なるほどポイントはここか。じゃあ××の部分は私ならカットしちゃうかな」「○○はないから◇◇で代用してもいいでしょ、似たような味だし」なんて風に思ってしまったこと、ないだろうか。

時折、慣れ切って自己流になりすぎな自分を「いかんな」と思って反省する。そんなとき、誰かのレシピをじっくりなぞって作ってみようと思い立つ。お手本を横にお習字するような気持ちで、トメ、ハネをきれいに真似ようと心がけるみたいな感じで、自分のクセや考えは横に置いて料理に没頭する……。やってみると清々しい気分になれて、発見もいろいろだ。私がよく「なぞらせて」いただいている方々やサイトをちょっと挙げてみたい。

「白ごはん.com」というサイトを運営されている冨田ただすけさん、彼のレシピを読むのが私は好きだ。言葉がそぎ落とされてシンプルなのだけれど、「おいしく作るならばここは欠かせません」「大事だからここは必ずやってほしい」という思いが行間から熱く感じられてくるから。「普段は手間レスが基本だけど、料理したい気分のときは冨田さんのを参考にする」「ちょっと面倒でも確実においしいものができる」ファンの方に話を聞くとよく聞かれる声だが、納得である。

基本的なことを確認したいとき、私が参考にするサイトは「DELISH KITCHEN」である。簡潔に編集された動画も分かりやすく、副編集長に料理研究家の井原裕子さんが長いことついていらしたのも安心感。

本ならば、料理研究家だと小田真規子さん、坂田阿希子さん、重信初江さんのを参考にすることが多い。小田さんは「なぜこうするのか」がいつも明快で、学びが実に多い。時間と手間を思いっきりかけて、趣味の料理に没入したいときは坂田さんだ。重信さんは日常の料理をどうしたら作りやすく、最小限のステップでおいしくできるかをものすごく心がけてレシピを作られる人。

誰かのレシピのとおりじっくり作ってみると、自分という古刃が研ぎに出されたような、軽快な気持ちになれることが多い。料理に慣れた人ほど、ぜひ定期的に試してみてほしい。

Tricks 29

読んで感じる料理の楽しみ

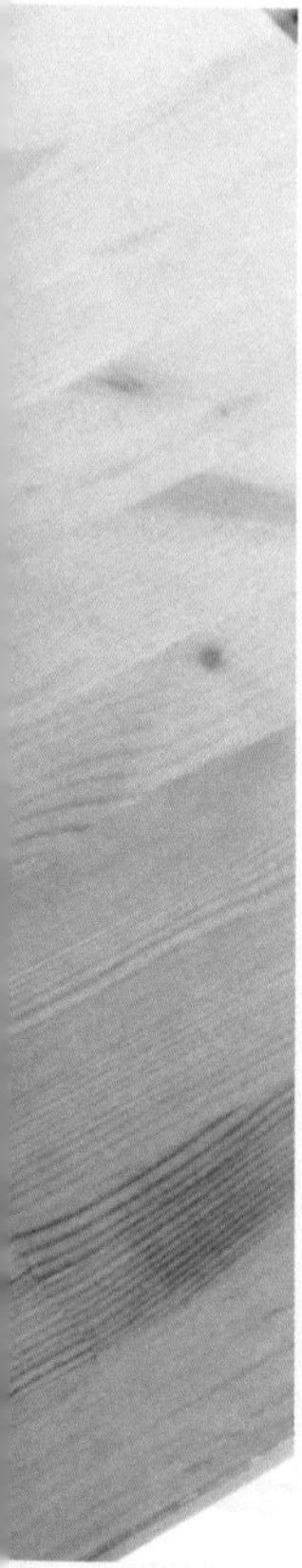

レシピ本を含め、今とても大事にしている食関係の本を実際にいくつか挙げてみたい。しかし……選書にかなり悩んでしまった。食が印象的なモチーフとなるエピソードは様々なジャンルの本の中にもあるものだしね。

最も古い記憶をたどってみると、児童文学の名作『大どろぼうホッツェンプロッツ』は夢中になって読んだ。本の中に入りたいと何度思ったろう。気になる食べものがこれでもかと出てくる。

中学生ぐらいのときは漫画『クッキングパパ』が大好きだった。もう少し大きくなってからは沢村貞子さん、向田邦子さんのエッセイに登場する食や食風景に惹かれて、繰り返し読むようになる。

今回は現代の食エッセイならこの人、と私が思うお二方も含めてご紹介したい。

『わたしを空腹にしないほうがいい 改訂版』
くどうれいん（BOOKNERD）

食を軸としたエッセイと俳句。みずみずしい文学的感性のまばゆさよ。きらきらとした行間から薫風が吹いて来るようで、読むたびに少し心の埃が払われる。

『賢い冷蔵庫 ラクするためのおいしい下ごしらえ』
瀬尾幸子（NHK出版）

「そうすればいいのか！」がいっぱい。下ごしらえの基礎知識がアップデートされること間違いなし。すっきり見やすいデザインも快い。瀬尾さんの本はどれもなぜか気持ちがラクになる。

『つくりおきおかずで朝つめるだけ！ 弁当決定版 別冊ESSE』
小田真規子（扶桑社）

おかず作りに悩んで献立に行き詰まったとき、何度助けてもらったことか（涙）。日常的な材料で作れて、やってみたくなるちょっとしたアイディアが満載。

『55歳からの新しい食卓 いくつになっても食事を楽しむための12の提案』
上田淳子（Gakken）

上田さんの視点はいつもやさしく、的確で、具体的。老いと食というテーマは今後私がやっていきたいもののひとつ。「加齢×食」をおいしく考える良著。

『俳句歳時記 第五版 春』
『俳句歳時記 第五版 夏』
角川書店・編
（角川ソフィア文庫）

食に関して刺激がほしくなったときに開くのは歳時記だ。いろんな時代の様々な人たちが詠み込んだ食の形、食の風景。変わらぬものあり、異常なるものあり。

『荒野の胃袋』
井上荒野（潮文庫）

ショートエッセイ集。荒野さんの文章は簡潔で淡々としてそぎ落とされ尽くした中に印象が無限に広がる。描かれるテーマに関連した自分の思い出がどんどんよみがえり読むたび切なくなって、そして元気が出る。

30 Tips

家庭料理って、つまり何なのでしょうね

「家庭料理」という言葉は、なかなかに厄介だ。

まず「あなたにとっての家庭料理といえば何ですか?」という質問をしてみたい。私なら、実家でよく出てきたシャケの粕漬けの焼いたの、ネギ入りの玉子焼き、おかかのたっぷり入った焼きうどん、湯豆腐なんてところがパッと浮かぶ。自分の育った環境で出てきたものが浮かんでくる。

一方で世の中には、「家でよく出てきたかどうか」は一切関係なく、「自分が〝家庭的〟だと思う料理」を家庭料理としてイメージする人もいる。その代表選手として長年挙げられてきたのが肉じゃがではないだろうか。きんぴらやヒジキの煮たのを思う人もあれば、ハンバーグやロールキャベツなんかを思い浮かべる人もいるだろう。

ちなみに「家庭的」を辞書(新明解 第7版)で引いてみると「家庭の円満や家族の健康などを何よりも大事にする様子」とある。

もうこの時点で厄介である。「何よりも大事に」というところに献身的なものが読み取

れはしないだろうか。自分の意志や都合よりも、家族の意向や栄養バランスを重視、優先する誰かの姿が「家庭（的）料理」という言葉からは見えてくるときがある。

「家庭的な料理」というのは、本人がそうしたくてやっているなら何の問題もない。付け加えると、される家族側も喜んでいるならなお言うことなしだ。問題は「家庭料理って、そういうものでしょう？」「家庭料理はこうあるべきもの」となった場合である。

家庭料理という言葉が厄介と冒頭で言ったのは、家庭料理観の押しつけや齟齬《そご》が起こりやすいからである。純粋に「自分の家の料理」ということなら話はシンプルだが、それが「家庭的な料理」を意味すると、話はややこしくなりやすい。そして世の中、このふたつをごっちゃにしたまま「家庭料理」についての話が進んでしまい、もつれることが多いように感じている。

たとえば玉子焼きひとつ取っても、そのありようは千差万別である。私が先に挙げた「うちのネギ入り玉子焼き」の形はかなりアバウト。私の親は玉子焼き器は使わず、フライパンでざっくりまとめて作っていた。「毎日そんなていねいにやっちゃいられない、味は一緒！」「売りものじゃないんだから」が口ぐせで。いつしかそういうものだと私も思うようになり、現在私も同じような玉子焼きを作っている。

それが大人になって、誰かに作ってもらったり、よそ様の家で料理取材をするようにな

90
COFFEE

小皿やバット、グラスにマグなど日常でよく使うものは流し台のすぐ後ろに置いています。ざるや鍋類は好きでついつい買いがち……整理しなきゃいけないなあ、と思いつつ。

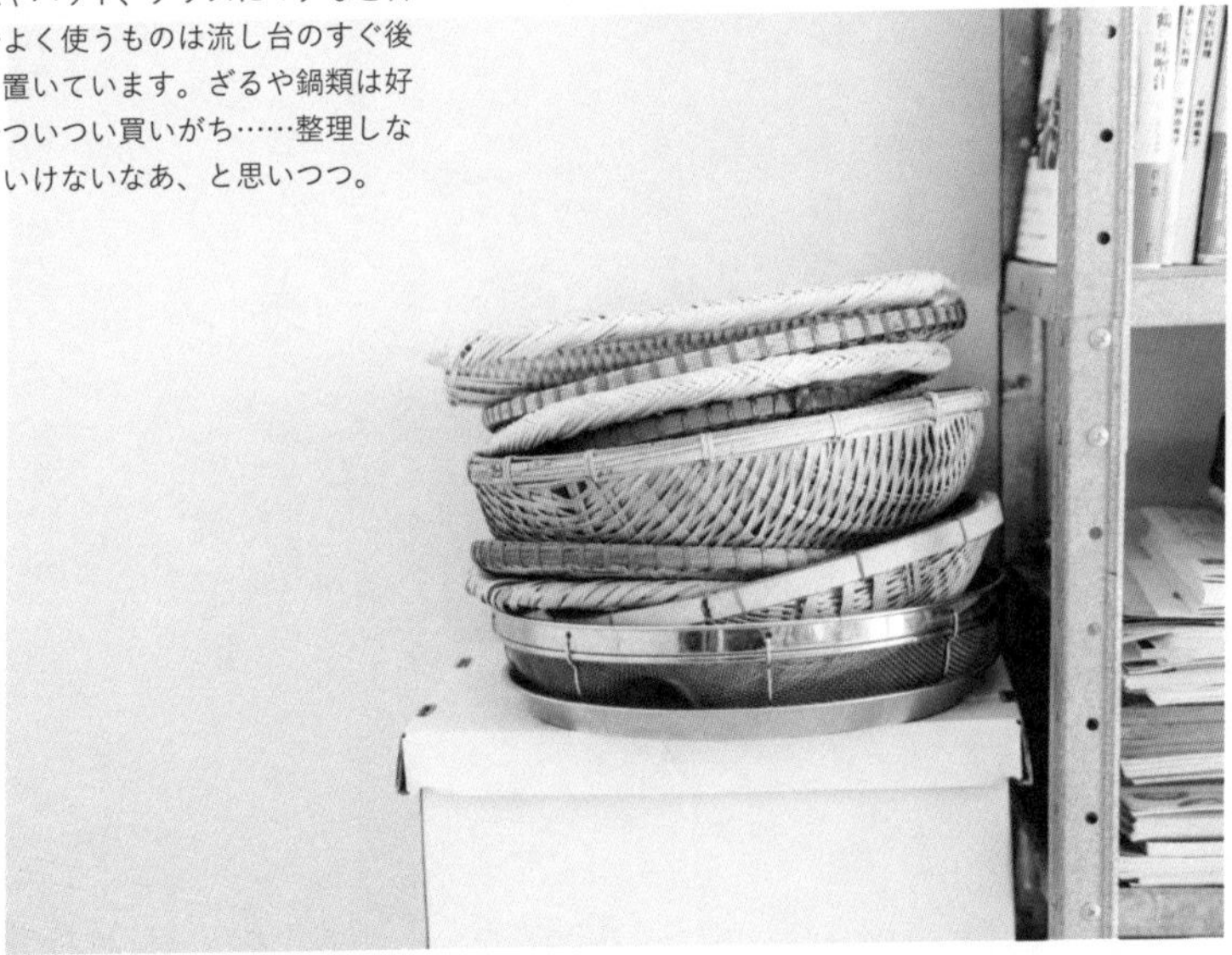

ったりして、世の中には「そうでない玉子焼き」を日常的に作る人もいることを知る。玉子焼き器を使って、巻くごとに油を塗りなおして、売りもののようにていねいに。

「慣れれば大した手間じゃないですよ」

「どうせ作るなら、きれいに作りたいから」

理由も様々である。もちろん、どちらが「いい・悪い」の世界でもない。「うちはこう」でいいのが家庭料理の本来だろう。そう、「玉子焼きもいろいろ。うちはうち、よそはよそ」と思えるかどうか。

そして何を手間と感じるか、面倒と思うかは人によってかなり違うもの。そのあたりを無視して、「大した手間じゃないのに、面倒くさがっている」とジャッジしてしまったり、「その程度の手間を、私にはかけてくれない」なんて思ったりすると話は厄介になり、不和の一因ともなってしまう。

ともかく問題は、「うちの玉子焼きはこう」が「うちの玉子焼きが普通。そうじゃないものは変」的に話が歪んで進んでしまったときだ。誰かと暮らして、料理を作ってもらったときに、

「何この玉子焼き、形が悪いなあ」

「もっとていねいに作ってほしい」

「普通はもっとちゃんと作るもの。ずぼらだなあ」

などとリアクションしてしまった場合、言った本人は軽い気持ちでも、言われたほうはトラウマになることもある。オーバーなようだが、家庭内における料理作り担当者からは少なからず聞かれることだ。もちろん話は玉子焼きに限らず、いろいろな料理で「自分の〝普通〟を押しつけられたとき」という話で。

誰かと暮らして、食を共にするというのはこわいことだ。自分では「普通」と思ってきたことが急にひっくり返されること、多々起こりやすい。そのとき、「ああ、相手のうちはこれが〝普通〟だったんだな」と思って尊重できるかどうか。そんな大げさなと思われるかもしれないが、相手の食とそのありようを受容し理解することは、人間肯定の第一歩にして根本を成すものと私は思っている。

「食いものの恨みはこわい」なんてよく言われる。「何か食べものを勝手に食べられた、盗られた恨み」という意味もあろうが、私はその人の食や食史、および地域性が否定されたときに負う傷の深さ、怨恨の忘れなさ加減というのは並大抵ではない、という意味にとらえている。

よくあるケースとしては、「あなたの地域はそんなもの食べるの、変わってるねえ」なんて発言。これ、言われたほうはけっこう傷つくもの。そして「変わってる」と決めつける人間というのは常に「正しいのは自分側」という根拠のない自信を持っている。その傲慢さは間違いなく人間関係にヒビを入れる。大抵は言った本人はケロッと発言自体を忘れ、言われた側は忘れない……。

現代の日本人はざっくり言って、だいたいが同じようなものを食べている。和洋中にエスニックと日常食の幅はものすごく広いが、日常的に定番メニューといえば決まってもくる。しかしディテールの違いは数限りない。

たとえば味噌汁。わかめと豆腐のようなありふれた味噌汁でも、地域ごとに好まれ、定着している「出汁」と「味噌」は各地で変わり、それぞれ風味はかなり違う。「私の家の味」にこだわる人が共に暮らした場合、味噌汁ひとつとっても、ちょっと厄介なことになる場合もある。定番のものだからこそ「小さな違い」が耐えられないこともある。

「家庭料理」とはざっくりした、ごくありふれた言葉に思われるだろうが、各人の実際的な姿は十人十色、いや万人万色。ひとつひとつが大事な食の記憶によって形成されているものであり、他者が勝手に「変わってるね」「フツーはもっとこうじゃない？」なんて口出しできるようなものではない。悪気なく、軽い気持ちで言ったとしても、ときにひとの逆鱗に触れる場合もある。

「家庭料理」という言葉に私は非常にセンシティブなものを感じ、そのすり合わせは人間性のすり合わせに近いものすら感じてしまう。

唐突だが、ここで考えてみたい。ひとりで自分のために作っても、それは家庭料理と言えるだろうか。私は、言えると思う。そりゃあ、辞書的な意味では「家庭＝家族の集まり、およびその場所」だから、ひとり暮らしの食は家庭料理とは言えないだろう。

しかし、食とは単なる食糧の意味を超えて、自分の根源を養い育てるものでもある。栄養補給的な意味はもちろんとして、精神を喜ばせて、慰めるものでもあり、ときには買いものや調理過程含めてストレス発散や気分転換につながることもある。食に求めるものとそのアプローチは様々にせよ、人間は食べることから逃れられない。食は人間の「ホーム」のひとつなのである。自分の食を自分でまかなっているというのは、「ホーム」の設営をおろそかにしていないということだ。

なんでもそうだが、適当に組むともろくて壊れやすくなるし、くずれやすくもなる。自分の「ホーム」となるものを支え、彩り、豊かにするもののひとつが料理である。ゆえに、ひとりで自分用に作ったって、それはあなたの家庭（ホーム）を形成するための料理だ、と私は思う。自分にとって心地よく、フィットする「食の形」を認識している人というのは、強い。生きる力が強い人だと思う。

しかしそもそも自分の食生活はこうありたい、と考えたことのある人のほうが少ないように感じている。漠然と「○○が食べたい、食べてみたい」ぐらいのこと以外は、食に関して特に関心もないという人はわりに多いのだ。

むずかしく考えず、自然に行き着いたスタイルが「その人の料理」であり、オリジナルの家庭料理だ。さらに言えば、自分で作らなくたって料理である。料理されたもの、半調理されたものを買ってきて自分のために用意する、それすなわち自炊の範疇だと私は本気で思っている。その人の「ホーム」における食の形は限りなく自由であり、その人がよければそれでいいのだ。

ごはんを炊いてレトルトカレーをあっためてのせる、インスタントラーメンを作って生卵ひとつのせる、これだけでもじゅうぶん自炊だと私は思う。自分のために自分で食事を用意する、それだけでもう立派なことだし、他人がどうこう言うことじゃない。もう一度書くが、自分がよければそれでいい。

なぜ繰り返し書くかといえば、そう思えない人も世の中には少なからずいるから。実際誰かに言われたわけではないのに、「そんなの料理のうちに入らないよ」と揶揄されるのではないか、「もっときちんと栄養やら考えてあれこれ作らなきゃ本当はいけないのに」

と思ってしまい、罪悪感を覚えている人はけっこういるもの。そう、「本当は」と考えがちなのだ。自分のやってることは適当であり「本当」は違うものなのだ、と。きっとその「本当」とは自身の思う「家庭的な料理」の姿であり、ひょっとしたらいわゆる「おふくろの味」的なものなのかもしれない。

だが考えてみてほしい。その「本当」の料理をあなたは日常的に食べたいのかと。手間や時間や材料費をかけてまで得たい食の形なのかどうかを。今の食スタイルで特に困っていない、不満はない、味よりラクや安さを優先したい……と思っているならば、何の問題もないのではないだろうか。よりよい形を目指すのは素晴らしいことだけど、無駄に自責の念にとらわれていないだろうか？

家庭料理というのは「自己満足の結集体」だと私は思う。手間のかかることでも「そうやるのが好きだからやっている」人あり、徹底的にラクを優先する人あり、経済的であることを最優先する人あり、どんな形でもあっていいのだ。タブーなのは、誰かの食の形やなじみの味をむげに否定すること、批判すること。憧れは憧れとしておいておき、まずは自分が心地よい、無理がないを優先していい。

誰のものでもない、自分の人生なのだもの。

※初出…『仕事文脈 vol.20』（タバブックス ２０２２年） 加筆あり

Tricks 30

そしてまた一日がはじまる

長崎県にヒカドという郷土料理がある。いろんな作り方があるけれど（郷土料理あるある）、私が教えてもらったのは魚のぶりと鶏肉か豚肉、根菜を一緒に煮て醤油と酒で味つけし、すりおろしたさつまいもでとろみをつけるというレシピだ。まず魚と肉を一緒に煮るというのに驚いた。聞けば交易の歴史が長い長崎だけに、ポルトガルの影響を受けているという。たしかにあちらでは豚肉とあさりの煮込みが名物料理であるなあ。

やってみたら未体験のおいしさに目を丸くした。ぶりと鶏肉のうま味の相乗効果たるや。そしてさつまいもから出る甘みとの取り合わせが新鮮で、わざわざやりたくなる味わい。さつまいもでとろみをつける、というのも知らなかった。魚と肉、どちらかを主役にと必ず考えてしまうものだけど、それも固定観念だったなと私を少し「ひらかせて」くれた料理でもある。

今朝、久しぶりにヒカドを作った。昨日ぶりが安くなっていたのと、さつまいもが余っていたのでちょうどいいな、と。根菜だけでなく、栄養的に緑黄色野菜も摂りたいので小松菜も入れてしまおう。料理をしっかり覚えたいとき、うまくなりたいときはレシピのとおりキッチリ作る。普段の料理、一度作ったことのある料理は「使い切りたいから入れちゃえ」もＯＫ。これが私なりのメリハリだ。

きょうは香ばしい黒米入りのごはんにしようか。浅漬けのきゅうり、納豆を添えて今朝の一食にする。あと人生で何度「いただきます」を言えるだろう。ふと殊勝な気持ちになるときもある。ずっと続くごはん作りを思うと心が曇る日もある。どちらもあって人間だ。それでいいのだ。

材料（2人分）

ぶり … 100g
豚ひれ肉
　または鶏もも肉 … 80g
さつまいも … 150g程度
大根 … 70g
にんじん … 60g
水 … 700㎖
酒 … 大さじ1杯
醤油 … 大さじ2杯
塩 … 少々

作り方

1 さつまいもを半分に切る。ぶり、肉、大根とにんじん、半量のさつまいもを1.5㎝程の角切りにする。
2 鍋に肉と魚、野菜、水、酒、醤油を入れて中火にかけ、アクを取りつつ煮る。
3 全体に火が通ったら、半量のさつまいもをすりおろして加え、全体をよく混ぜて軽く煮る。味見して、薄ければ塩で味をととのえる。

おわりに

しかしまあ……読み返してあらためて思うけれど、「億劫」「しんどい」「面倒」「やらない」なんて言葉がたくさん出てくる料理エッセイですね（笑）。もちろん「そういうときもある」ということだけれども。気持ちに波があればこそ「作り疲れないことを何より優先」というマイセオリーにたどり着いたので、自分の中から出てくるネガティブな気持ちも否定せず、むしろ耳を傾けることを大事にして生きている。

私は家事としての料理って「ゴールのない遠泳」に思えてしまう。ゆえに途中で休む浮島を自分で作り、歩いても行ける浅瀬をときに作り、足のつかない深みにあるときは泳がずひたすら「浮く」に集中する時間を自らで作っていかなくてはならない。そうじゃないと沈んでしまって、なかなか浮き上がって来られない……！

マイペースで行こう、なんてよく言われる。マイペースを辞書で引いてみると「周囲の状況に眩惑されず、自分自身に適した進度・速度で仕事を行うこと」（新明解第7版）とある。「自分に適したペース」をつかむまでがまあ……大変なわけですよ。

その途上において思ったこと、自分なりに達した結論を第1章では書いた。ある意味、私の弱音まとめである。弱音を吐くというのは悪いことのように思われがちだけれど、「吐く＝体内にあってはならないもの」だからすぐ吐き出したほうがいいと私は思っている。自分は何がつらいと感じているのかが具体的にもなることだし。

第2章では料理する楽しさや、日々の献立決めの私なりのポイントなどを書かせていただいた。

第3章では料理そのもの以外のことをメインに。家事や炊事の担当を続けて気づけたこと、料理してもらっている側の人に知ってほしいことをまとめている。

いろんな気づきがあって「周囲の状況に眩惑《げんわく》されず」、家料理をこなしていける自分がなんとか出来あがった。いや、「こなしていけてる」なんて書くとすぐに「毎日きちんと作れる」「時短・手間抜き料理も含めて日々の料理を上手に作れるってことですね！」などと誤解されてしまうのだけれど、出来ないときはしない、全部作らない、誰かと自分を比べることなく生活していく、という意味である。あ、そうそう。私にとっての一番大事な気づきは「作らない時間が作る気力を養う」なんである。作れないときは気力を養うべきとき。決して怠け心のうずいているときじゃあない。炊事含めて人生は遠泳のようなものだから、甲羅干しの時間は必須なのだ。休息が必要なときに自分を否定せず、素直にそれを共に暮らす人に告げるようにしたことで、ちょっとずつ私の台所はひらけて自由な場所になっていった。

家の料理をほかの人に任せている人がもしこの本を読んでくださったとしたら、作っている人のペースを尊重し、寄り添って生きることをどうか大事にしてほしいと心から願う。お互いに何かしら家事を担当していると思うけれど、抱えている不満点や希望点ってなかなか言葉にできないもの。定期的にヒアリングし合う時間も設けたいものですね。

さて、私があちこちで書き散らかしていることを読み続けてくれて、本にしましょうと励まし続けてくださった大和書房の長谷川洋美さんに心よりお礼申し上げます。

本書が誰かの心の浮島や浅瀬の代わりにちょっとでもなれますように。

最後までお読みくださいまして、ありがとうございました。

如月の河津桜の五分咲きの頃に　　白央篤司

OMAKE

レンチンで作る２品

ちくわとピーマンのレンチン和え

材料（２人分）

ちくわ … ２本（70g 程）
ピーマン　２個（70g 程）
ごま油 … 小さじ２杯
水 … 小さじ２杯
A（合わせておく）
　おろししょうが … 小さじ½杯
　塩 … ひとつまみ
　醤油 … 小さじ１杯

作り方

1. ちくわはタテ半分に切り、７㎜幅程度のななめ切りにする。ピーマンもタテ半分に切って種を取り、細切りにする。
2. 電子レンジ可の容器に**1**を入れて全体を混ぜる。ごま油、水を入れてフタをし、500Wレンジに２分かける。
3. 蒸気に気をつけつつフタを開けて、**A**を加えてよく和える。

春キャベツとしらすのレンチン和え

材料（２人分）

春キャベツ … 200g 程
しらす … 大さじ４杯
オリーブ油 … 大さじ１杯
水 … 小さじ２杯
塩、こしょう … 適量

作り方

1. 春キャベツは1.5㎝幅に切る。ざっくりで構わない。芯のところは細切りにスライスする（←ここ重要）。
2. 電子レンジ可の容器にまず刻んだキャベツを入れ、しらす、オリーブ油、水の順で入れてフタをし、500Wレンジに４分かける。
3. 蒸気に気をつけつつフタを開けて、菜箸で全体をよく和える。味見をして、好みで塩、こしょうする。

料理さくいん

これだけあればいい
ごはん
鍋で炊くごはん……21
カリカリ目玉焼きのっけ丼……37
春のちらし寿司……73
冷や汁……76
まいたけと秋鮭の炊き込みごはん……81

ひと品で完結する
麺
汁ビーフン……17
なすそうめん……77
鶏トマトそば……96
お手軽梅煮うどん……124

冬だけじゃない
鍋もの
レモンナンプラー鍋……33
キムチチゲ……113

旬はなおおいしい
野菜のおかず

野菜の塩ぱらり焼き……65
香りを楽しむサラダ……97
ちくわとピーマンのレンチン和え……157
春キャベツとしらすのレンチン和え……157

味つけで広がる
肉のおかず

豚ロース肉ときのこの
柚子こしょう炒め……29
牛肉のすき煮……44
豚肉と野菜の味噌炒め……89

気軽に作れる
魚介のおかず

細切り昆布の炒り煮……45
私のカルパッチョ……53
ムール貝のワイン蒸し……69
牡蠣と菜の花の炒めもの……85

ほっとする
温かい汁もの

粕汁……93
梅湯……125
くるみだれのお雑煮……137
ヒカド……153

カルパッチョを作ると必ず「ちょうだい」とやってくる我が家の猫、グジュさん。たま子さんよりも人見知りな性格である。

白央篤司（はくおう・あつし）

フードライター、コラムニスト。早稲田大学第一文学部卒業後、出版社勤務を経てフリーに。暮らしと食、郷土料理やローカルフードをテーマとする。著書に『自炊力 料理《レシピ》以前の食生活改善スキル』（光文社新書）、『にっぽんのおにぎり』（理論社）、『ジャパめし。』（集英社）などがある。Twitter @hakuo416

台所《だいどころ》をひらく

料理《りょうり》の「こうあるべき」から
自分《じぶん》をほどくヒント集《しゅう》

2023年4月25日　第1刷発行

著　者　白央篤司《はくおうあつし》

発行者　佐藤　靖

発行所　大和《だいわ》書房
東京都文京区関口1-33-4
電話03-3203-4511

写真●岡村隆広
白央篤司

校正●オフィスバンズ

ブックデザイン●天池　聖（drnco.）

本文印刷●萩原印刷

カバー印刷●歩プロセス

製本●ナショナル製本

©2023 Atsushi Hakuo, Printed in Japan

ISBN978-4-479-78585-9
乱丁・落丁本はお取り替えいたします。
http://www.daiwashobo.co.jp